守屋智敬

Tomotaka Moriya

一流の「任せ方」全技術

The art of empowerment

明日香出版社

はじめに

まず、はじめにひとつ質問です。

リーダーにとって、「任せること」には、どんな意味があるのでしょうか？

私は、こう考えています。
「任せる」ことは、メンバー一人ひとりがイキイキと活躍し、成長し続けるために必要不可欠なものであると。

任せることができるようになると、次のような変化がおとずれるでしょう。

⊙あなたひとりでしかできなかった仕事が、メンバーの数だけできるようになる
⊙あなたひとりでは出なかったアイデアが、メンバーの数だけ出るようになる
⊙あなたひとりでは捻出できなかった時間が、生まれる
⊙あなたひとりで抱えていた悩みを、メンバーと乗り越えることができる
⊙任されたことを実感したメンバーは、イキイキと活躍する
⊙任されたことに挑戦したメンバーは、成長を実感する

ところで、もうひとつ質問です。

あなたは、誰のために何のために「任せている」でしょうか？

⊙メンバー一人ひとりが、成長を実感できるため
⊙業績が上がるため
⊙私（リーダー）の仕事を軽減するため
⊙リーダー不在でも何の支障もないチームになるため

など、いろいろと考えられると思います。

この問いで、私がお伝えしたかったことは、「リーダーが任せることの目的やゴールをどこに置くか」で任せ方も、任せる内容も、リーダーのかかわり方も、そのために必要なことも変わる、ということです。

あなたが任せているその仕事は、誰のためでしょうか？
あなたが任せているその仕事は、何のためでしょうか？

例えば、こんな経験はありませんか？

⊙メンバーに任せていた仕事に、つい口をはさんでしまった……
⊙メンバーに任せていた仕事を、途中で引きとってしまった……
⊙任せたくても、安心して任せられる人材がいない
⊙任せるより、自分がやったほうが早いことがある
⊙失敗が怖くて、任せられない

実は、私は過去に何度も同じような経験をしています。
任せることの「ゴール」なんて、当時は正直、まったく考えたこともありませんでした。

途中で仕事を引きとったり、口をはさむことは、リーダーとして当然の責務であり、むしろ良いことだと思っていました。
このまま任せ続けると、「お客様に迷惑がかかってしまう」「任せられたメンバーも、

このままだと困るはずだ」と思っていました。

ただ、いま振り返って思うのは、当時の私にとって、任せることは、自分のためでしかなかったのです。

「私の評価が下がる」「私がお客様に怒られてしまう」といった自己防衛心により、任せ続けることを途中でやめてしまったのです。


「どう任せるか?」「うまく任せるにはどうすれば良いか?」といった方法論の前に、「任せる」ことの目的を何にするのかが大切です。

一見すると、メンバーの能力に問題があるように聞こえる悩みも、その多くが「リーダーの心の持ちよう」に起因しています。

「任せることに関わる悩みの多くは、メンバーの側にあるのではなく、リーダーの側にある」と私は思います。

・「任せることの目的」+「任せる技術」=効果的な任せ方

「あなたと仕事ができて良かった」

こう言われるリーダーになることを目指しませんか？

ただ機械的に任せるのと目的を持って任せるのとでは、メンバーの成長もリーダーのあり方も変わってきます。

人によっては、メンバーのキャリア形成に大きな影響を与えることに、やりがいを感じるかもしれません。

人によっては、メンバーの成長により、リーダーであるあなたが、新しいことに挑めるようになるといったこともあるかもしれません。

人によっては、人が育つことに、生きがい、やりがい、幸せを感じるきっかけとなるかもしれません。

本書では、「10年後、かつてのメンバーから『あなたと仕事ができて良かった』『実は、あなたに任されたプロジェクトが、私のキャリアの大きな転機となりました』と言われるリーダーになる」ために必要なリーダーのあり方を、「任せる」という観点からお伝えしていきます。

任せることでメンバー一人ひとりがイキイキと活躍し、組織が成長し、そして何よりあなたがリーダーとして成長していくために。

守屋 智敬

一流の仕事の「任せ方」全技術：もくじ

第2章　成長につながる任せ方【伝達と采配】

第3章 成長につながる任せ方【相談と支援】

第4章　成長につながる任せ方【評価とフォロー】

第5章　リーダーのあり方～任せる覚悟

第6章 「任せる」に影響を及ぼすアンコンシャスバイアス

カバーデザイン：２５６　萩原 弦一郎
編集協力：飛田恵美子・太田博子

第1章

メンバーに信頼される任せ方に必要なこと

1

「前・間・後」で最適な声がけをする

次のような経験はありますか？

- □仕事を任せたいと伝えたら、イヤな顔をされた（快く引き受けてくれない）
- □任せた仕事になかなかとりかかってくれない（他の仕事を優先している）
- □任せた仕事を、イヤイヤやっているように感じた
- □任せたいとせっかく声をかけたのに、「自信がない」との返事にガッカリ
- □任せた仕事への細かい質問が多くて、任せた意味がないと感じてイライラした
- □アウトプットを見て、「任せるのはまだ早かったか……」と失望した
- □任せた仕事の進捗が気になって、自分の仕事が手につかない

いかがでしたか？

過去の経験と照らし合わせて、思いあたることが、あったでしょうか?

これらは、リーダーの期待値とのギャップで生まれているものがほとんどです。

「任せられたことをそもそも喜ぶべきだ」
「任せたからには、結果を出すべきだ」

といったことをはじめとしたリーダーのアンコンシャスバイアス(無意識の思い込み)が影響しています(詳しくは第6章でお伝えします)。

メンバーには、あなたが見えていない事情があるかもしれません。メンバーは、その時々で、あなたが気づいていないさまざまな事情があるなかで判断をし、行動をとっていたのかもしれません。

⊙あなたが把握していない役員から依頼された仕事を抱えているかもしれない
⊙職場での人間関係に悩んでいるかもしれない
⊙お客様から預かった宿題の回答期限が迫っているのかもしれない

⊙過去に同じような仕事を任されて失敗したことを思い出しているのかもしれない
⊙将来のことや、家族のことで悩みを抱えているかもしれない

このように、周りには見えていない事情や、リーダーが把握できていないことが、ひとつや、ふたつ、あってもおかしくないのです。

「任せたいことがある」と声をかけたときに、メンバーの顔色がくもったように見えたり、イヤな顔をされたり、驚いたり、困惑したような表情をされたという経験はありませんか？

それはもしかしたら、いろいろなことが重なり、頭がいっぱいいっぱいになっていたなど、メンバーに何か事情があったのかもしれません。

それはもしかしたら、リーダーの任せ方のどこかに問題があり、「仕事を任された」ではなく、「仕事を押しつけられた」と感じてしまったのかもしれません。

任せる前、任せている間、任せた後。

相手の表情や、態度に何か違和感を抱いたなら、その違和感をそのままにせずに、声をかけてみることです。**それぞれの場面で、リーダーがいかに「配慮範囲」を広げて、察して、その時々に必要なひと言をかけてあげられるかどうか。**それにより、任されたメンバー側の「受けとめ方」は大きく変わります。

大切なことは、気遣うひと言がかけられるかどうかです。

・「いま他に抱えている案件とか、ない？」
・「いまこの仕事、任せても大丈夫？」
・「任せた仕事、その後どう？」
・「このまま、任せたままでOK？」
・「把握できていなくてゴメン。表情が気になったんだけど、何か抱えている？」

これらのひと言があるかないかで、メンバーの気持ちは大きく変わるでしょう。

Point 1 **〝気遣いのひと言〟を意識する**

2

「絶大なる信頼」を引き寄せる意識の持ち方

「この人から任されたことを、誇りに思う」

「この人から任されたんだから、何としてでも、成果でお返ししたい」


メンバーからこんな言葉が返ってくるリーダーと、そうでないリーダー。

この差はどこにあるのでしょうか？


そこにあるのは、リーダーへの「絶大なる信頼」だと思うのです。

信頼とは「この人なら」と思える心の持ちようです。

「この人からなら任されたいけど、この人からの仕事は億劫（おっくう）だ……」といったように、誰から任された仕事なのかにより、メンバーの受けとめ方やモチベーションが変わることがあります。

つまり、日ごろの信頼関係づくりが任せる力となってあらわれてくるのです。

信頼関係とは、仲が良い関係ということではありません。

忙しいとき、大変なときでも、相手のために労を惜しまない関係性です。

「この人のためになら、何をさしおいても力になりたい」と思ってくれるメンバーは、はたして、あなたの周りにどれだけいるでしょうか？


信頼関係は、あなたの日ごろの意識の置きどころがカギを握ります。

あなたはいつも、何を気にかけて過ごしているでしょうか？


「自分の評価」でしょうか？「チームの業績」でしょうか？

「メンバー一人ひとりの気持ち」でしょうか？「メンバーの成長」でしょうか？


いつも、あなたはリーダーとして何を気にかけていますか？

Point 2
日ごろの意識の置きどころが信頼関係に影響する

3

「信頼」に応えたくなる心のメカニズム

信頼されるとはどういうことでしょうか？
人が何かを信じるときに使う言葉には2つあります。
「信頼」と「信用」。似て非なるこの2つの言葉について、見ていきましょう。

⊙「信頼関係」とは言いますが、信用関係とは言いません
⊙「信用調査」とは言いますが、信頼調査とは言いません
⊙システムの「信頼性」とは言いますが、システムの信用性とは言いません

このように、信頼と信用には明確な違いがあります。
私は次のようにとらえています。

信頼とは、「未来を信じること」
信用とは、「過去を信じること」

信頼して任せることと、信用により任せることとは、大きな違いが生まれます。

信用とは、「過去の実績」や「身につけてきたスキル」などを信じること。つまり信用は「条件つきの信じ方」だと思うのです。

信用をもとに「どこまで任せるのか」「何を任せるのかを決める」ということを全否定はしません。なんでもかんでも任せるというわけにはいかないケースもあるでしょう。

ただ、信用により任せる場合には、「任せるにあたっての条件」や「任せる範囲」など、ここまでという条件がつきます。

〝ここまで〟という条件は、「信頼されていない」という心の後味や、「私は良いように使われているだけ」という気持ちを生む可能性がゼロではありません。

リーダーは「任せた！」と思っていても、メンバー側に「任された感」がないということが起こるのは、このためです。

では、信頼とは一体何なのでしょうか？

それは、**「これから起こる未来」を信じること**です。過去はどうあれ、無条件でその人そのものを信じることが信頼です。どうなるかわからない、失敗するかもしれないといった不安を乗り越えて信じることに「信頼」の意味があるのです。

信頼とは別の言い方をすれば、「リスクをとる信じ方」とも言えるのです。

「メンバーのこれからを信じて、メンバーそのものを信じて、不安がありながらも信じようとする」

このリスクをとる姿勢にメンバーは応えたくなるのです。信頼により任せるということが繰り返されていくうちに、やがて「このリーダーの頼みなら応えたい」という信頼関係が生まれていくように思います。

信頼関係は「返報性の原理」で生まれます。

返報性の原理とは「報われたことに対して、報い返したくなる心のメカニズム」です。

リーダーなりにリスクをとってくれるから、メンバーもそれに応えたくなる。

つまり、「メンバーを条件つきで信じておきながら、メンバーには、リーダーへの全幅の信頼を求める」といった虫の良い話はないのです。

「自分なりに、やれるだけ、やってみてほしい」

「できそうなことがあれば、ぜひ、トライしてみてほしい」

このように、条件をつけずにメンバーを信じること。そこから信頼関係や想定を超えた成果やメンバーの成果が生まれるでしょう。

Point 3

未来を信じて任せる

4

とらえ方は千差万別

自分のとらえ方と、相手のとらえ方とが違うことがある、という大前提に立って任せるようにしましょう。

《任せたい仕事の内容を説明する場面》

任せるときに、次のような言葉を添えたことはないでしょうか?

・「キミに任せるには少し早いかもしれない、と思ったんだがね」
・「こんなプロジェクトを任されるなんて、光栄に思ったほうが良いよ」
・「俺はキミよりももっと若いときから、これぐらいの仕事は任されていたけどね」

などといった言葉を添えて、任せたい仕事の内容を説明しようとすることは、NG

です。

自分の権威やすごさをわざわざ言葉にするリーダーを見かけますが、マイナスになることはあっても、プラスになることは何もありません。たとえ、自分のすごさを誇示しようと思っていなくても、相手はそうとらえてしまいます。

余計なひと言を添えていないか、注意が必要です。

また、この仕事を任されることは「光栄なことだ」と、あなたの価値観を押しつけたりしていないでしょうか？

価値観も、将来の方向性も、得意なことも、不得意なことも、一人ひとり違うことを意識したうえで、言葉を選びましょう。

《任せ方の場面》

あなたのこれまでの経験（これまでの任され方）が、同じようにいまのあなたのメンバーにも通用するわけではない、という前提に立ちましょう。

これは、あるリーダーの話です。

リーダーのAさんは、これまで自分が上司から仕事を任されたときには、たいていは十分な説明がなく、ただ「あとはよろしく！」とのひと言とともに、任されてきたそうです。

はじめは、「何の説明もないなんて……」と、大変だったそうですが、そうやって幾度となく任されてきた経験を積んだことで成長を遂げたそうです。

そのおかげでいまの自分が形づくられてきたと、当時の上司にいまは感謝していると言います。

ただ、問題はここからです。

その結果、「こういう任され方で人は成長するものなんだ」という信念が生まれてしまったのです。

「任せるにあたっては、背景などの詳しい説明は不要。自分で考えて、悩んで苦労することが、仕事を任される醍醐味であり、メンバーのためでもある」

これまでの実体験と、そのことによる自身の成長実感があるだけに、こう信じ、同じことをメンバーにも求めてしまったのです。

しかし、ほどなくして、この任せ方により何人かのメンバーがつぶれてしまったことも、目の当たりにしました。

そして、ここからが難問でした。

自分が「そうされてきた」という経験がすべてで、他のやり方がまったく思い浮かばないということになったのです。

さらには「自分は説明なく任されてきて、苦労したけどなんとかやってこられた」という経験が、**無意識のうちに「自分と同じようにメンバーにも苦労をさせたほうが良い。それが通用しない部下はダメな奴だ」という理不尽な押しつけにすり替わっていた**のです。

自分の信じてきたこと、考え方、やり方を変えることは、容易なことではありません。人によっては、心理的な抵抗感があったり、難しいと感じたり、「やっぱり自分のやり方が良いのではないか？」と疑心暗鬼になったりしがちです。

今回のケースでいくと、「人によって任せ方は変えたほうが良い」や、「任せ方にもいろいろな道がある」という着眼点に気づくことそのものが難しいといったケースもあるでしょう。

「これで成功した」という確証バイアスがあれば、なおさらに苦労します。

方法論やスキルはさまざまに存在しますが、ひとつだけ、ぜひ頭の片隅に置いてほしいことがあります。

それは、**「一人ひとり、違うという大前提に立つ」**ということです。

一人ひとり違うという大前提に立つと、**一人ひとりをよく知ろう、よく見よう、考え方や感性を大切にしようと、意識できるようになっていくでしょう。**

この心の持ちようが、それぞれに違いのある相手からの信頼を得ることにもつながります。

リーダーのあなたと似た感性を持つメンバーがもしもいたなら、「それは、ラッキーなことだ」くらいのつもりで、一人ひとり、新たな心持ちで対応してみると、見える世界が少し変わるでしょう。

Point 4 一人ひとり、「違う」が大前提

仕事は投げるものではなくわかち合うもの

任せるとはそもそも、何をどうすることなのでしょうか？

任せることとは、「単なる仕事の依頼」ではありません。「仕事を分担すること」でもなければ、「リーダーの手足となって動いてもらうこと」でもありません。


任せるとは、メンバーとリーダーとが、その責任の一部をわかち合うことです。


いわば、任せたメンバーとリーダーは「同士」のような関係になるのです。

任せる前は多少不安があったとしても、任せた後はともに同士としてお互いの責任を果たすために手を組むということです。

「この仕事をやってほしい」と伝えるのと、「この仕事を、任せたい」と伝えるのとでは、任された側の責任意識も変わります。

では、リーダーとメンバーとではどんな責任を、どうわかち合うのでしょうか？

リーダーにあるのは「結果責任」、メンバーにあるのは、やりきるという「遂行責任」です。

つまり、どんな結果になろうとも、それはリーダーが責任を負いますが、途中でどんなことがあっても最後までやり遂げることについては、メンバーに責任を持ってもらうということです。

具体的にお伝えすると、例えば、メンバーが任された仕事を途中で、無責任にも投げ出してしまったとします。これはメンバーの遂行責任の放棄です。

一方で、メンバーがやり遂げた成果物が、良くない評判や、売れ行きがイマイチという結果になってしまったとします。そんなときに、「あのメンバーに任せたのが悪かった」や「任せた部下のせいで……」といったように、良くない結果の責任をメンバーに押しつけるようなリーダーは、結果責任の放棄と言えます。

あなたの組織は、どうですか?

□リーダーが結果責任をメンバーに対して追及することはない
□リーダーがメンバーの能力を否定したり、メンバーの愚痴を言うことはない
□組織のなかに「失敗を恐れずトライしよう」という風土が醸成されている
□「結果責任は私が負うから」が、リーダーの口癖
□メンバーが遂行責任を果たせるよう、リーダーが適宜フォローをしている

リーダーとメンバーとが自らの責任を意識できていないと、こうした「わかち合いながら任せる」ということができなくなってしまいます。

その意味では、互いに「覚悟」が必要とも言えるでしょう。

信頼関係がないと、メンバーは「任されたくない」と思うでしょうし、リーダーは「任せられない」と思ってしまうでしょう。

任せるときに必要なのは、「どんな結果になっても良いから、最後までやりきってほしい」という、リーダーの心からのひと言です。

任せたあとに必要なのは、メンバーが「やりきる」ためのフォローや環境づくりです。壁となりそうな周りからの軋轢（あつれき）や雑音をカットしたり、足りない視点を補強するためのアドバイスをしたり、あるいはメンバーの思考を止めるような余計なコミュニケーションをやめたりなど。

リーダーとメンバー。それぞれに、それぞれの責任があり、それを互いに果たそうとすること。何よりメンバーが責任を果たせるようにリーダーがフォローすることで、「任されたくなる」という信頼が生まれるでしょう。

Point 5 メンバーの「やりきる」をフォローする

第

章

成長につながる任せ方【伝達と采配】

6

非言語メッセージの発信力はあなどれない

仕事の指示をするときに、気をつけていることはありますか？

任せたいという想いや、具体的な内容を、どんな言葉で伝えるかということも大切ですが、仕事を任せるときのリーダーの非言語メッセージも、とても重要な意味を持っています。

表情や態度といった非言語メッセージは、あなたが想像するよりもはるかに大きな影響を、メンバーに与えているかもしれません。

具体的な場面を例に、考えてみましょう。

メンバーを自席に呼び、仕事の指示をしているシーンを想像してみてください。そのうえで、次の２つのシーン（ＡとＢ）に印象の違いはありますか？

【A】メンバーは、立ったまま話を聞いている。
リーダーは、腕をくみ、背もたれによりかかりながら、話をしている。
【B】メンバーは、近くのイスを持ってくるように促され、座って話を聞いている。
リーダーは、メンバーと同じ目線で、話をしている。

些細(ささい)なことのように感じる人もいるかもしれませんが、ほんの些細なことに気を配るか、配らないかで、同じ仕事を頼むにしても、メンバーの感じ方や、受けとり方が変わるとしたら、どうでしょう?

心の持ちようは、リーダーの表情、カラダの向き、姿勢、声のトーンなど、さまざまな場面にあらわれます。そして、「ながら会話」にも注意が必要です。
「君だからこの仕事を任せたい」「この仕事にトライしてみてほしい」といった想いがあるのなら、言葉だけでなく、非言語メッセージにも気を配ってみてください。

Point 6
言葉だけでなく、表情や態度にも気を配る

7

指示が伝わったかどうかの「確認」は効果的に

リーダーのあなたはメンバーに「ちゃんと伝えた」と思っていても、リーダーが思うようには伝わっていなかった、という経験はないでしょうか？

任せたいことの背景や趣旨を、丁寧に時間をかけて説明したつもりなのに、「なんで、できないんだろう？」と思ったことはないでしょうか？

「伝えた」と「伝わった」とは、似て非なるものだと感じた経験はないでしょうか？

「指示が伝わったかどうかを確認すれば良いのか！」という話ではありません。

なぜならば、「理解できた？　わかった？」と確認すると、きっと多くのメンバーは、「理解できました。わかりました」と答えるからです。

この返事には2種類あります。

ひとつは、あなたが思ったとおりに相手に伝わっているケース。
一方、「自分なりに解釈はできたという前提で、わかりました」と返事をするケース。
つまり、指示がズレて伝わっていることに、リーダーもメンバーも、のちのちになって気づくというケースです。

新人時代、私は「わかったつもり」による大失敗を経験したことがあります。

上司：「お客さんへのプレゼン準備、今回は任せたよ！」
私　：「はい！　わかりました」
プレゼンの3日前のことです。
上司：「準備は順調？　どこまで進んでる？」
私　：「もう、終わりました！」
上司：「確認するから、見せて」
私　：「？・？・？」

上司からの具体的な説明をうけるまで、何のことだか、さっぱりわかっていませんでした。「任せたよ」と言われてから、声がかかるその日まで、上司に質問しようとは思わず、自分の解釈で仕事を進めていたのです。

実はこのとき、当時の上司が私に任せたのは「プレゼンの資料作成」だったにもかかわらず、私は「準備＝会議室やプロジェクター手配」と思い込んでいたのです。

いまとなっては、笑い話なのですが、「伝えたつもりが伝わっていなかった」という事例であり、「何が理解できていないかが、わからないこともある」という事例として、「解釈のズレ」について学びを得た出来事でした。

多かれ少なかれ、こういった経験を、あなたもしたことがあるでしょう。

私の事例は大事には至りませんでしたが、あなたの指示をメンバーが間違えてとらえた結果、お客様や周りの人に多大な迷惑をかけてしまうことも考えられます。

そこで、そうならないよう、注意点をまとめます。

⊙お互いの「前提」や「解釈」は違うことがある
⊙「何をわかっていて、何をわかっていないのか」がわからないこともある
⊙伝えたかったことが、誤解なくそのまま相手に解釈されているとは限らない

では、どのようにすれば、このようなズレを極力少なくすることができるのでしょうか？

それは、やはり、**お互いの理解を言葉にしてみること**です。

例えば、こんな感じです。

「認識のズレがないかどうかをはじめの段階で確認しておきたいから、簡単に自分の言葉で任された仕事のことを説明してほしい」

このように伝えてみるのも良いでしょう。

もちろん、説明したことすべてを繰り返してもらう必要はありません。

⊙趣旨
⊙要点
⊙任された仕事にどういうプロセスで臨もうと思っているかなど

この3つをおさえて、メンバーに簡単に言葉にしてもらうというのも良いかもしれません。

そして、**何より大切なことは、伝えたつもりのことがメンバーに伝わっていなかったときに、メンバーの理解力を責めないということ**です。

⊙「言わなくてもわかるはずという思い込みが私にあった」と思えるかどうか
⊙「経緯や背景をもっと説明しておけば良かった」と思えるかどうか
⊙「もう少しゴールイメージをすり合わせれば良かった」と振り返られるかどうか
⊙「任せた意図を伝えれば良かった」と思えるかどうか
⊙「どう解釈したか」を確認すれば良かったと思えるかどうか

そこに、リーダーのあり方が問われます。

自分の伝え方、指示の出し方、任せ方を振り返ること。

これを繰り返すことで、メンバーへの指示の出し方は磨かれていくでしょう。

Point 7

「伝えた」からといって、「伝わった」とは限らない

8

「手戻り」のある任せ方をしていませんか？

メンバーに任せた仕事の成果物を見て、やり直しを指示しなければいけなくなるといった「手戻り」を経験したことはありますか？

この手戻りの原因のひとつは、先ほどお伝えした**「認識のズレ」**です。
そして、もうひとつは**「指示不足」**です。

手戻りをなくすために、具体的な指示を心がけましょうということを伝えたいわけではありません。

というのも、あれやこれやと指示をしすぎてしまうと、メンバーの考える力ややる気を奪い、いつまで経っても、成長が見込めないという悩ましさもあわせ持っているからです。

メンバーの成長を願うリーダーにとって、

⊙どこまで踏み込むか

⊙どこまで具体的に指示をするのか

というのは、日々、葛藤するポイントであると言えるでしょう。

やり直しの範囲によっては、納期に間に合わないリスクも出てくるかもしれません。やり直しの指示内容によっては、「具体的な考えや、ゴールイメージがあるのなら、はじめからちゃんと指示してくれれば良いのに！」とメンバーが不満を抱くこともあるかもしれません。

案件のスムーズな遂行を優先するのか、メンバーの意図的育成を優先するのか？

では、リーダーにとって、悩ましいこのテーマにどう向きあっていけば良いのでしょうか？

それは、**「線引き」**にあります。

案件の重要度、緊急度（納期）、求めるクオリティ、メンバーの能力を勘案したうえで、**「ここまでは具体的に指示する」というラインと、「ここからは自分で考えて、自由にやってほしい」というラインを明確にし**、メンバーに伝えてみてください。

例えば、次のようにあなたの考えを率直に伝えることも大切です。

「予算の範囲内で、どんなイベントが実施できるかを、まずは3パターンほど、考えてみてほしい。一旦、1週間後にアイデアを聞かせてもらったら、そこで、どの方向性でいくのかを、指示するから。まずは自由にゼロベースで考えてみてほしい」

このように、「ここまでは自由に。ただ、その先の大方針は指示するから。そしてそのまた先は自由にやって良いから」といったように、メンバーが不安になったり、迷ったりすることのないように段階ごとに、指示をあらかじめ伝えてあげることがポイントです。

⊙どこまで何を任せるか？

⊙任せるにあたって、どこまで具体的に指示をするのか？

この采配を完璧に行うことは難しいかもしれませんが、ぜひ、トライしてみてください。

Point 8

「ここまでは指示どおり」「ここからは自由にやってＯＫ」というラインを明確にする

9

つい期限があいまいになっていませんか？

「無理のない範囲で、とりあえずやってみてくれる？」
「できるところまでお願いできるかな？」

このように、**仕事の期限をあいまいにした任せ方をしていませんか？**

仕事を任せるときの基本は、期限とゴールを明確に伝えることです。
多くの人はそのことが大事なことだと知っているわけですが、なぜ期限をあいまいにしてしまうのでしょうか？
考えられる理由として次のようなことがあげられます。

⊙「忙しそうだ」などの理由により、メンバーに遠慮してしまう場合

⊙「いざとなったら自分でやろう」などと、はじめから、仕事を引きとることを前提としている場合

また、この両方が組み合わさったパターンもあるでしょう。

これらは一見すると、周りからは、次のように思われるかもしれません。

⊙「メンバーを気遣ってくれる優しいリーダーだ」
⊙「リーダー自らも手を動かしてくれるなんて、素晴らしいリーダーだ」

しかしながら、期限をあいまいにした任せ方を続けてしまうと、次のような落とし穴が潜んでいます。

リーダーが期限をあいまいにして伝えてしまうと、「成果物が中途半端な状態でリーダーに仕事を引きとられてしまう」というケースが発生しかねないのです。

任された仕事を、途中で奪われると、メンバーは不完全燃焼に陥ってしまいます。

⊙「いつも途中で引きとられる」
⊙「結局はリーダーが仕上げる」
⊙「最終的には、どうせ、手を加えられる」

このようなことが続くと、「最後までやりきる意識」が失われ、「期限までに一定のクオリティに仕上げるスキル」も伸びません。

表面的には、「うちのリーダーはいつも気遣ってくれる」「フォローしてくれる」と感謝されることもあるかもしれませんが、実際には、メンバーの成長機会を奪い、リーダーに依存する組織をつくってしまっているわけです。

一方、任された仕事を最後までやり遂げることは、メンバーの喜びや自信につながるというメリットがあります。期限を明確にした任せ方に慣れていきましょう。

例えば、忙しそうにしているメンバーには次のように、率直に話をしてみてほしいのです。

「忙しいところゴメン。任せたいと思っている案件があるんだけど、どうかな?」
「他にも任せていることがあって、ここのところ忙しくしているのを知ってはいるんだけれど、それでも、この案件をぜひ任せたいと思っていて。いま抱えている仕事の内容や納期を一緒に棚卸しできればと思っているんだけど、どうかな?」

このように声をかけてみることで、お互いに優先順位を整理できるだけでなく、「この仕事はいま、誰がやると良いか」といったことも明らかになるかもしれません。

メンバーの意思を確認しながら、チーム全体のタスクを整理していくことは、リーダーの大切な仕事です。

Point 9
「いつまでに」「どこまで」仕上げるかを明確に伝える

10

「急ぎの案件」のときこそ相手の「なぜ」にこたえる

仕事をしていると、不測の事態や、急ぎの案件、クレーム対応などが突如として舞い込んでくることがあるものです。

そんなときにこそ、意識してほしいことがあります。

それは、**対応を任せるメンバーに、手短にでも良いので、緊急対応の必要性や背景、経緯を伝えること**です。

多くのリーダーがやりがちなのは、対応を急ぐあまり、つい、矢継ぎ早に指示をしてしまうことです。

「あとで説明するから、急いで！」

「いまは黙って指示に従って！」

このように言われると、「緊急事態であるから仕方ない」と、言われたとおりに黙って動くメンバーも多いかもしれません。

ただ、メンバーの置かれた状況によっては、反発心や不満を抱くこともあるでしょう。

⊙「こっちの仕事だって締切が迫っているのに……」
⊙「いくら急ぎだからと言っても、言い方があるのでは？」
⊙「背景ぐらい説明してくれても良いのに……」

なぜ、そのメンバーが不満を抱いているのか、その心理に気づいていないと、伝わるものも伝わらなくなります。

そこで、「急いでくれ」と言いたいのをグッとのみこんで、緊急対応の経緯を手短にでもいいので、伝えることをオススメします。

というのも、人は「なぜ？」がわかると、モヤモヤが解消し、思いを寄せて動きたくなるものです。

最初は手間がかかるように思いますが、**相手の「なぜ」に答える説明とお願いをセットで考える**ようにしましょう。

例えば、こんな感じです。

⊙「こういう経緯があって、君の力を急ぎ貸してほしい」

⊙「過去に似たケースを担当したことのある君の力が必要なんだ。緊急事態につき、ぜひ、協力してもらいたい」

このように、その仕事の重要性を説明すれば、メンバーは「そういう状況なら、自分が必要だろう」と、自分ごととしてその案件をとらえてくれるはずです。

ただ同時に、メンバーは常に仕事を抱えていることを忘れてはいけません。メンバーにも配慮をしましょう。

⊙「いま抱えている仕事は何?」と尋ねる
⊙「いまお願いしている仕事は後回しにして良いから」と判断する
⊙「その仕事の納期は、後ろ倒しにしてもらうから」と、仕事を調整してあげる

こういったことも忘れてはいけません。
急ぎのときほど、焦らずにメンバーの気持ちを考えましょう。

Point 10
「急ぎだから」で済ませず、その仕事の必要性をきちんと伝える

11
「動機づけ」のアプローチを増やす

「メンバーへの動機づけはどうするのが正解なのでしょう?」
これは、リーダーのみなさんからよく質問されることのひとつなのですが、正直、私はその答えを持ちあわせていません。

動機とはそもそも、メンバー自身が「やろう」「やりたい」という意思を持つことであり、周りの人がどうこうできるものでもありません。
リーダーにできることがあるとしたならば、メンバーのやる気スイッチを押すきっかけづくり、つまり、動機づけの支援でしょう。

一人ひとりのやる気を引き出すことは、実に、難しいことであり、「1+1=2」といった正解はありません。また、これをすれば確実にメンバーがやる気を持ってくれるといった特効薬もないのです。

メンバーのモチベーションに火を灯そうと考えることは、とても素晴らしいことですが、やる気のスイッチは「人それぞれ」であり、同じ相手であっても「その時々」によって異なると考えておきましょう。

さて、**リーダーのあなたは、一人ひとり、その時々と向きあっているでしょうか？**

動機づけの支援として、「認める」「危機感を煽る」「ビジョンを設定する」という3つをご紹介しますが、これらは、有効に作用する場合もあれば、逆効果になる場合もあるため、注意も必要です。

① 認めること

メンバーの存在価値を認めたうえで、「だからこそ任せたい」と伝えることはひとつの動機づけにつながる可能性があります。「認める」とは、メンバーを必要としているというメッセージでもあるからです。

ただし、注意が必要なのは、「認めること」と、「おだてること」は違うということとです。「おだてる」とは、相手が、自分にとって都合よく動いてもらうために、相手を良い気分にさせようとする意図的な言動です。

あなたは、メンバーをおだてたうえで、任せたい仕事の話をしていないでしょうか?

②危機感を煽る
「このままだとまずいよ」「後輩がみるみる成長しているよ」「今年は昇格がかかっているけど大丈夫?」といったように、危機感ばかりを煽るのも考えものです。

煽られることでスイッチが入る人もいますが、「自分はだめだ」と自己否定に走ってしまう人もいるため、注意が必要です。

「これが達成できたら、任されるプロジェクトの範囲が広がるよ」といったように、成果が上がったときのプラスイメージを伝えることも大切な動機づけのひとつです。

③ビジョンを設定する
実現したいビジョンを共有することで、動機づけられるメンバーもいるでしょう。

ただし、実現するビジョンがあまりにも遠すぎると、手応えを感じることができず、迷子に陥ってしまうメンバーもいるかもしれません。

スモールゴールをあわせて設定することで、次のゴール、そのまた次のゴールへと進んでいくことも、動機づけのひとつとして大切なことです。


最後にもうひとつ。

一人ひとり、その時々でやる気のスイッチは異なります。

メンバーに仕事を任せるときの動機づけがワンパターンになっていないでしょうか？

ぜひ、自己点検をしてみてください。

メンバー一人ひとりに興味を持ち、メンバー一人ひとりの成長を願い、一人ひとり、その時々と向きあうことから、はじめてみてください。

Point 11
動機づけは一人ひとり、その時々で違う

12

「メンバーの状況」を把握して任せていますか？

メンバーを慮(おもんぱか)った言葉や言い方を選んでいても、メンバーの状況を把握せずに任せていたとしたら、良いリーダーとは言えません。

「自分が任せた仕事のことぐらい覚えているよ。把握できているよ」

こう思うかもしれませんが、任せたメンバーのタスク全てをはたして本当に把握できているでしょうか？

というのも、そのメンバーに仕事を依頼しているのは、あなただけとは限らないからなのです。メンバー同士で仕事を助けあっているかもしれません。あなたを通さずに、あなたよりも立場が上の役員が、直接、急ぎの案件を任せているようなこともあるかもしれません。

⊙「いま同時進行で抱えている仕事はどのくらいあるのか？」
⊙「パンクしそうになっていないだろうか？」
⊙「急に頼まれた仕事はないのか？」
⊙「把握できていない突発仕事はありそうか？」

このように、メンバーの抱えている仕事に気を配ることで、いつしか、メンバー自ら必要なときに、必要な報告があがってくるようになるでしょう。

全体を把握したうえで、何を誰に任せるのかを総合的に判断することが大切です。

案件によっては、「少し負担は増えるけど、挑戦してみてほしい」という場合もあると思います。そのときは、きちんとそのことを言葉にして伝えてみてください。

些細なことに気を配ること。率直に言葉にして伝えること。そのことが、メンバーの「大変かもしれないけど、やってみよう」につながります。

Point 12
メンバーの状況を把握したうえで判断する

13

采配の「傾向」をつかむ

任せたいと思う仕事が手元にあるとき、あなたは「どんな思考プロセス」を経て、任せるメンバーを決めていますか?

例えば、次のような観点・要素をかけあわせて考えるという人もいると思います。

⊙「案件の難易度」×「メンバーのスキル」×「納期」でまずは考える
⊙任せたいと思ったメンバーの手が空いているかどうかを確認する
⊙メンバーにとって、意義ある案件となるかどうかを考える
⊙メンバーの意図的育成になるかどうかを考える

「確実に、クオリティ高くできることがイメージできるメンバーに任せる」という

ときもあれば、「メンバーの成長を願って、少し本人にとっては難しい案件を任せる」という判断もあるでしょう。

案件により、また、その時々により変わることだと思います。

さて、ここでぜひ一度振り返っていただきたいのは、**「自分がどういう采配をする傾向にあるのか？」**ということです。もしかすると、無意識のうちに、偏った判断をしているかもしれません。

例えば、「案件を誰に任せるか」ということを考えるときに、「メンバーのできるところ」に光をあてていることが多いですか？

それとも、「メンバーのできないところ」ばかりが気になってしまいがちですか？

こうした傾向がわかると、メンバーへの影響にも気がつきやすくなるでしょう。

もしも、メンバーの「できないところ」ばかりが気になってしまうという傾向があるなら、意識して「できているところ」に光をあてるように、心がけてみてください。

マイナス面ばかりが目についてしまうと、些細なことであっても指摘をしたくなり、メンバーは、任された案件へ、のびのびと取り組むことができなくなってしまいます。

「『まだここが足りない』から任せられない……」

「『完璧じゃない』から任せられない……」

できないところにばかりに目がいくと、任せる案件の幅に広がりが出ません。

つまり、それはリーダー自身の仕事の幅を狭めることでもあるのです。

また、マイナス面にばかりに目がいくリーダーのもとでは、メンバーは次のように思いがちです。

「何をやっても指摘をされる」

「何をやってもダメなところを言われる」

これでは、たとえ、任された案件を無事にゴールに導いたとしても、達成感を存分に味わえるかというと、疑問符が残ります。

できないことへの指摘が続くと、「仕事がなんだかつまらない」と思える可能性だってあるということを知っておきましょう。

リーダーはぜひ、メンバーの「できるところ」に目を向けてみてください。

「できること」のちょっとだけ外側にある仕事に挑戦することで、人は成長します。

「やってやれないことはない、少し背伸びをすれば、きっと届く！」

そんなスモールステップとなるような仕事を見つけてメンバーに渡すようにしてみてください。きっと、「できること」の領域が広がっていくでしょう。

Point 13

メンバーの「できるところ」に光をあてることを忘れてはいけない

14

「権限委譲」が本当にできていると思いますか？

リーダーは任せているつもり。でも、メンバーはそう思っていない。

メンバーからすれば、「任されている感がない」というケースをよく見かけます。

権限を委譲すると言っておきながら、次のような振る舞いをするリーダーがいます。

⊙大枠の予算を渡さない（一つひとつに承認を求める）
⊙何をするにしても、逐一の報告を求める
⊙途中で口を挟む
⊙挑戦させてくれない、基本は前例踏襲

これらは一例ですが、このような振る舞いをしているとしたならば、「私は権限委譲をしている」とはとても言えません。

メンバーに任されている感があるのと、ないのとでは、仕事の面白みや達成感、やり甲斐は大きく変わるでしょう。

ちなみに、ただひとつだけ。リーダーが渡してはいけない権限があります。

それは、「結果責任に対する権限」です。結果に対する責任をとり、メンバーを守ること。たとえ結果が伴わなかったとしても、責任をメンバーに押しつけないこと。

それが、リーダーにしかできない仕事です。

Point 14

権限委譲をしているつもりになっていないかどうかを振り返ろう

15

「やり甲斐」を感じる依頼のしかた

ある写真家さんからお聞きした話をひとつご紹介します。

あるメディアからの仕事を引き受けなくなったことにまつわるエピソードです。

「今回の撮影は、優しい表情をとらえるのが上手な○○さんにお願いしたいと思っているのですが、ご予定いかがですか?」

昔の編集担当者さんからはこういったように、理由を添えて、オファーをもらっていたため、多少条件が悪くても、やり甲斐を感じていたそうです。

しかし、担当者が代わったからか、「こういう案件に、対応できる方はいませんか?」というメール配信に変わったそうで、その写真家さんは気持ちが離れたというのです。

次の2つのメッセージには、大きな差があるように思います。

⊙「あなたに、任せたい」（こういう理由により、あなたに任せたい）
⊙「誰か、いませんか？」（任せたいことがあるのですが、どなたか？）

仕事への思いは、「言葉」や「依頼の仕方」にあらわれます。

ポイントは、「あなた」に頼むその理由をしっかり考えておくことです。

私にとって、このエピソードは、さまざまなことを振り返るとともに、仕事への向きあい方を考えさせられる良い機会となりました。


想いあふれる依頼かどうかで、やり甲斐が変わる。

指名での依頼かどうかで、任され甲斐が変わる。

任され方によって、メンバーのモチベーションへの影響は変わるのです。

Point 15 「あなたにお願いしたい」と伝える

16 メンバーの「過去評価（評判）」との向きあい方

ここで、想像してみてほしいことがあります。
あなたは、新しい部署（チーム）に、管理職（リーダー）として着任することになりました。さて、ここで質問です。

【質問】
あなたは、着任にあたり、「どんなメンバーがいるんだろう?」ということがふと気になりました。さて、どういう手段で、メンバーのことを知ろうとするかも考えてみてください。

⊙前のリーダー（前任者）に話を聞く
⊙引継書を確認する

⊙過去の「人事履歴」や「成績データ」を確認する
⊙全員と一対一で面談をする
⊙全員と面談をするなかで、他メンバーのことを話してもらう
⊙何もしない（＝知らなくて良い）

人によって、考え方はさまざまだと思いますが、あなたは、いかがでしたか？

異動先の仕事内容や、これまでのかかわりの有無によっても違うという人もいたかもしれません。

「時と場合による」、このひと言に尽きるという人もいたかもしれません。

では、何をお伝えしたかったのか？

それは、**「過去評価や評判を鵜呑み（うの）にしない」**ということです。

人に対する評価や評判は、「アンコンシャスバイアス（無意識の偏ったモノの見方）」の影響をうけている可能性が大いにあります。

「Bさんは本当に優秀。素晴らしいメンバーです」というプラスの申し送りも、「F

くんはこんな出来事があったので、注意したほうが良い」というマイナスの申し送りも、「ある一部分」や「ある場面」を切りとったものです。

⊙前任者が、正しくメンバーを評価できていないこともあるかもしれません
⊙前任者の采配がまずく、本来の力を発揮できていないこともあるかもしれません
⊙複雑な要因が絡みあって起きた事件だった。真実は別にあるかもしれません
⊙前任者との相性が「良かった／悪かった」がさまざまなところで影響していたかもしれません

前任者の任せる力（任され方、任される内容、任される範囲）や評価などに、納得がいかないと感じていたメンバーが、もしもいたとしたなら、どうでしょうか？

「リーダーの人事異動は希望」だと思っているかもしれません。

「新しいリーダーのもと、ゼロからスタートしよう！」

こう思っていたメンバーがいるなか、リーダーがメンバーの過去だけを見て、その過去を引きずったうえで物事を判断するとしたなら、このメンバーはどんなにがっか

りすることでしょう。
人から聞いた話や書類に記載されたデータは参考程度に受けとり、自分の目で見て、直接会話をして、直接感じたことを、ぜひ大切にしてください。

ここで、リーダーにとって大切な原則をあなたに贈りましょう。

人は変わります。人は変われます。
変わろうと頑張っている人もいます。
変わりたいと願いながらも、もがいている人もいます。

以前の評価が低かったとしても、リーダーであるあなたの采配次第で、目の前にいるメンバーがよみがえることは、大いにあり得るのです。
リーダーの任せる力は、メンバーの成長を、メンバーの未来を、大きく左右します。

Point 16
人から聞いた話や書類のデータは参考程度にして、自分の目で判断する

17

「メンバー同士の比較」ではなく「成長支援」を

「彼女はもう、目標を達成しているみたいだよ」
「彼がキミぐらいの年齢のときには、もう部下を持っていたよ」

このように、別の誰かと比較して、叱咤(しった)激励しようとしたことはないでしょうか?

比較は、メンバーのモチベーションをダウンさせるだけではありません。
「あの人ほどできない」「あの人のようにはなれない」「私はどうせ……」といった自己否定の感情を生むことにもつながります。物事に挑戦する意欲を削いで失わせてしまうため、注意が必要です。

「この世の中、比較を避けようなんて綺麗ごとだ」と思われるかもしれません。

たしかに、採用、評価や昇格など、人生のあらゆる場面において、比較されることは多いかもしれません。

しかし、だからこそ、「一人ひとりと向きあうことの大切さ」がいま求められているようにも、思うのです。

「世間体や、常識、当たり前と思うことにとらわれず、リーダーが、メンバー一人ひとりと向きあい、成長を支援すること」

そんな心持ちで、一人ひとりと向きあってほしい。そう思います。

比較すると説明しやすいという面もあるでしょう。

ということであれば、他の誰かとの比較ではなく、そのメンバーの過去を対象にするという考え方に、置き換えてみてはいかがでしょうか?

「3年前は、少人数向けのプレゼンであっても、お腹が痛くなると言っていたけど、いまは500人の前でも堂々と話しているよね。この3年の成長を本当にうれしく思うよ」

こういったように伝えたうえで、任せる仕事の難易度を上げていくことをオススメします。

たとえ、些細に思えるようなことであっても、具体的な変化を言葉にして伝えることが、何よりも大切なことだからです。

リーダーのこのようなメッセージは、本人が気づいていないかもしれない成長に目を向けることにつながるだけでなく、「見てくれていたんだ」「気がついてくれる人がいる」とメンバーに伝えることにもつながります。

それはメンバーにとって格別の喜びに変わるでしょう。

誰かの何かと比べた良いところではなく、メンバー一人ひとりの良いところや、強みに目を向けてみてください。

また、一対一の面談の場などで、メンバーに次のような問いを立てることもオススメです。

・「去年の自分と比べると、どんな点が成長したと思う？」
・「去年の自分の頑張り（業績）と比較して今年はどう？」
・「数ヶ月前の気づきを、今は活かせてる？」

すると、メンバー自身も、誰かの何かとの比較のなかで生きるのではなく、〝過去の自分〟よりも、一歩でも二歩でも成長しようということに、意識が向くでしょう。

Point 17

比較ではなく、メンバー独自の良いところを探す

18

「チームに任せる」という視点を持つ

誰にこのプロジェクトを任せるべきなのか、と悩むことはありませんか？

Aさんは交渉力がある。ただ知識が足りない。
Bさんは語学が堪能。ただコミュニケーションに不安がある。
Cさんはこの分野に精通している。ただ交渉ごとに弱い。

このように、プロジェクトを任せる相手を決めるとき、誰が良いのかという悩みがつきものです。「誰にも任せられない」と思いつめてしまったり、「毎回同じメンバー」に任せてしまいがちになったり……。

実は、多くのリーダーからこういった悩み相談をよくうけます。

「仕事を安心して任せられる能力を持ったメンバーがいないんです。どうしたら良いんでしょう?」

このように嘆くリーダーに、私は次のようなメッセージをお伝えしています。

「『誰に任せるか』から、『どうチームを組むか』ということに、発想を転換してみてはいかがですか?」と。

例えば、先ほどの例なら、プロジェクトの内容次第で、AさんとCさんが組んだり、BさんとCさんが組んだりすることで、いろいろな可能性が生まれます。

役割分担を決める必要はありますが、「任せる相手〝ひとり〟を決めなければいけない」という思い込みを捨てて、その時々に編成するスモールチーム(=プロジェクト的なチーム)に、仕事を任せるという、もうひとつの道もあるのです。

Point 18 **任せる相手を「ひとり」から「チーム」に**

19 求める仕事のクオリティレベルを言葉にする

任せた仕事の「クオリティレベル」に関するあるエピソードです。

リーダー：「チームミーティングで使う資料づくりを任せても良い？」
メンバー：「はい、わかりました！」
翌日、提出された資料を見て、リーダーは半ばあきれて、こうコメントしました。
リーダー：「ここまでやらなくてよかったのに……。一体、これに何時間かけたの？
　まさか、残業の理由は、この資料？
　役員会資料でもなければ、お客様向けの資料でもないのだけど……」

この原因は、どこにあると思いますか？

この原因は、「お互いにクオリティレベルの確認や共有ができていなかったこと」によるものです。**リーダーが、期待するクオリティレベルを伝えなかったことに原因がある**と言っても良いでしょう。

「イチイチ言わなくてもわかるはず。社内資料なんだから、ましてやチームミーティング資料なんだから、ちょっと考えたら、どのレベルの資料を作れば良いかはわかるはず。もっと他の仕事に労力と時間を回してほしかった」

こういったように思うリーダーもいるかもしれません。

ただ、リーダーに「普通はこう考えるはず」といったアンコンシャスバイアス（無意識の思い込み）があるのと同じように、メンバーには、メンバーの想いがあります。

残業してまで、資料を作ったのには、いくつもの理由が重なりあっていました。

⊙リーダーに認められたいという感情
⊙いい加減な資料を作ったと思われたくないという気持ち
⊙任されたからには自分の納得のいく資料を完璧に作りたい
⊙小さな仕事でも全力で取り組まないと評価が下がってしまう

仕事を任せるときには必ず、「言わなくてもわかるはず」と考えずに、**期待するクオリティレベルは、きちんと言葉にして伝えるようにしましょう。**

また、求めるクオリティレベルを伝えるときには、次のことを意識してみてください。

⊙どれくらいの時間で仕上げてほしいのか（残業してまでやるほどの内容なのか）
⊙誰のため、何のための、どの段階における資料なのか
⊙社外向けの仕事なのか、社内向けの仕事なのか
⊙社内向けの場合でも、閲覧範囲は誰なのか

これらを伝えることで、行き違いは少なくなるはずです。

参考までに、ひとつ具体的な事例を紹介します。

「最終的には、お客様に提出するものだけど、現段階では部内で検討するために使うためのものだから、打ち合わせのたたき台になるような、簡素なものでＯＫだし、体裁を整える必要もないからね。１時間ぐらいで作れる程度のものでＯＫ」

メンバーが時間を無駄にせず、必要な仕事に必要な労力をかけられるためにも、クオリティレベルの共有を、ぜひ、意識してみてください。

Point 19
求めるクオリティレベルを明確に伝えることで、行き違いをなくす

第3章

成長につながる任せ方【相談と支援】

20

「いつでも相談して」が良くない理由

仕事を任せた際に、「いつでも、何でも相談して良いから」と伝えたことがあるかもしれません。

一見すると、メンバーのことを思いやっているようにも見えるこのメッセージですが、気をつけてほしいところがあります。

「いつでも」「何でも」という言葉は、基準があいまいであるということです。それゆえに、双方にとって、マイナス面があることも否めません。

《リーダーにとって》

「たしかにいつでもとは言ったけど、こんなにも頻繁に相談されても困る……」
「いつでもと言ったのに、なぜ、進捗報告がないんだろう?」
「いつでも、何でもと言ったのに、全く相談がないから、不安だ……」

《メンバーにとって》

「何でもと言われたから遠慮なく相談したのに、イヤな顔をされたのはなぜ？」
「忙しそうにしているから、いつでもと言われても、なかなか声をかけづらい……」
「いつでも、何でもと言っても、何をどう相談して良いのかわからない……」

このように、「いつでもどうぞ」というメッセージは、知らず知らずのうちにお互いにとって、不満や不平などが生まれかねません。

おそらくリーダーは良かれと思って、「いつでもどうぞ」と伝えているのでしょうが、逆効果になりかねないということを心にとめておきましょう。

そこで、私がオススメするのは、相談ポイントを決めておくということです。

具体的には、「時間」と「場面」です。

例えば、数ヶ月に及ぶプロジェクトでは、次のように設定します。

《「時間」による相談ポイント》

□2週間に一度、進捗共有ミーティングをあらかじめ設定する
□3日に一度、5分程度のショートミーティングを設定する

ここで重要なのは、じっくりと情報を共有するミーティングと、短時間で終わるショートミーティングを設定しておくことです。「2週間」「3日」といった間隔はプロジェクトの難易度や進捗具合に合わせて変えてください。

3日に一度のショートミーティングは、大きな変化がなく、特に話すこともないかもしれません。その場合は、「今日は特になし」「了解」という30秒ミーティングで良いのです。

「それでは意味がないのでは?」と思う人がいるかもしれません。しかし、任せたリーダーにとっても、任されたメンバーにとっても「ちょっと気になること」を、**遠慮なく言葉にできる機会が定期的にあるという安心感がとても大切**なのです。

「気になることがあるものの、忙しそうな上司のアポをとることが億劫でしかない……」といったメンバー側の心理が、プロジェクトの成否を大きく左右することがあります。

「もっと早く相談してくれていたら被害が小さくてすんだのに……」といった事態に陥った経験はないでしょうか？

何気ない会話ができる時間をあらかじめ設定することで、小さな気づきや違和感をとりこぼさないことができるのです。

また、進捗が気になるリーダーにとっては、お互いの合意のもとに設定されたショートミーティングがあるからこそ、「マイクロマネジメントによるメンバーのモチベーションダウンを避けられる」といった側面もあるかもしれません。

《「場面」による相談ポイント》

□ トラブルがあったときには、すぐに相談すること

□違和感を抱いたなら、すぐに報告をすること

ショートミーティングを待たずに、相談したいという事案も出てくるという前提に立つことです。

また、具体的に相談ポイントを決めておくことも大切です。

事前に「こんなときには、相談するように」「こんな場合には、報告するように」といったように、具体的な相談ポイントを設定することで、お互いに気持ちよく話ができるようになるはずです。

《具体的な「相談ポイント」の例》

⊙自分で判断できないと思ったとき
⊙どうしてもアイデアが出ず手が止まってしまったとき
⊙ゴールや期限、要件がわからなくなったとき
⊙他の仕事が舞い込んできて優先順位が見えなくなったとき

⊙ストレスを感じたりつらくなってきたとき

など

このように相談ポイントを事前に決めておくと、そのポイントを理由にメンバーもアポをとりやすくなり、リーダーも何が理由なのかがわかっていると、考えを伝えやすくなります。

一方で、メンバーの成長を願い、もっと自分で考えてほしいと思ったときは、「ここから先はまた自分で考えてほしい」と伝えたうえで、全部を答えようとしないことも、大切です。

Point 20 **相談ポイントをあらかじめ具体的に決めておく**

21

報・連・相を受け取り損ねていませんか？

リーダーの振る舞いは、一事が万事。具体的な事例をもとに見ていきましょう。

忙しいあなたのもとに、メンバーが相談に来ました。その内容は、あなたにとっては些細なことであり、「ちょっと考えればわかるのでは？」と思うようなものでした。

結果、次のような態度で、相談をうけることになりました。

⊙「ふぅ」という、聞こえるようなため息をつく
⊙「え？　それって、急ぎ？」と、なかばあきれながら聞く
⊙「そんなことも、考えられなかったのか？」とイヤミのひと言を言う

あなたは、このリーダーの言動についてどう思いますか？

また、相談したメンバーや、このリーダーのもとで働く周りのメンバーに、どのような影響があると思いますか？

リーダーのそっけない態度、非言語メッセージが伝えるネガティブオーラ、ネガティブメッセージは、メンバーを萎縮させ、「どうやったら報連相を避けられるか？」を第一に考えるようになってしまうでしょう。

また、「もっと早くに相談してくれればよかったのに！」といった案件が、多発することにもつながります。

やがて、このような場面を目撃した周りも、リーダーの顔色を窺うようになります。

「今日は機嫌が良さそうだから、今なら相談しても話を聞いてくれるかもしれない」

「今日はご機嫌ナナメだから、この報告は避けたほうが良さそうだ」

こういったように、ひそひそとチーム内で上司のご機嫌を探りあうといった無駄な会話が生まれるようになるでしょう。

無駄なことに時間や労力を使うと、心まで疲れてしまいます。

ここでもうひとつ、具体的な場面をご紹介します。

忙しいときに限って相談をうけたり、外出の直前にメンバーから声がかかることがありますが、そのときに、次のような反応をしてしまったとしたら、どうなると思いますか？

⊙「忙しいからあとにしてくれる?!」

⊙「なんでこんな時に声をかけるんだよ。まったく空気が読めないヤツだな……」

先ほどのケースと同様に、こういったメッセージをひとたび発信してしまうと、上司の顔色ばかりをうかがうようになり、信頼関係の醸成は難しくなってしまいます。

報連相をしてくれようとしたことが、そもそも「有り難いことである」ととらえましょう。そのうえで、次のように事情を伝えたり、いつなら相談にのれるのかを伝えてみたり、相談内容が緊急かどうか、1時間後や2時間後の報連相でも間に合うことなのかを確認することを心がけてみてください。心がけ次第で印象は変わります。

⊙「これからお客様先だから、2時間後なら話せるよ。それでも大丈夫な案件かな?」

⊙「いま、役員からの急ぎの指示を抱えてて……。1時間後でも間に合うかな?」

⊙「5分ほど待てる? 緊急案件だったら、先に聞くけど、どうかな?」

私が以前、コンサルティングを通してかかわっていたある企業の社長は、社員から相談があったときは、どんなときでも、必ず手をとめて向きあわれていました。そして、「社長はいつもこうなんです」と側近の方々が、誇らしく、社長のその姿のことを話されていたことも、とても印象的でした。

メンバーを尊重し大切にする姿勢は、信頼や尊敬として返ってきます。そのことを忘れないようにしてください。報連相に対する「リーダーの立ち居振る舞い」は、さまざまな場面に影響を及ぼすのですから。

22

報・連・相をとりにいく

相談する時間や、内容といった「相談ポイント」をあらかじめ決めていたとしても、メンバーが「大事な報告・連絡・相談をなかなかしてくれない」ということもよくあります。

ただ、たとえそう感じることがあったとしても、「あいつは報連相がなっていない！」などと決めつけることは控えましょう。責めることなく、どうやったら、再び報連相を気軽にしてくれるようになるのか、ということを考えてみてほしいのです。

⊙もしかしたら、報告を忘れるほど、忙しいのかもしれません
⊙もしかしたら、前任の上司の態度が影響しているかもしれません
⊙リーダーの何かの言動をきっかけにして、相談をやめてしまったかもしれません

このように、**メンバーにはメンバーなりの事情があると考えたり、自分の立ち居振る舞いに原因があるかもしれないといったように、考えてみてください。**

そして同時に、メンバーからの報連相を待つのではなく、リーダー自らが、報連相をとりにいくということも大切です。

「いまの状況がつかめていないから、簡単に教えてもらえる？」
「勘違いだったら良いけど、もしかして、何か困っていることがある？」

このような声がけを続けることで、「気にかけてもらっていること」に安心するとともに、「このリーダーになら、相談しても良いのかもしれない」と、メンバーの気持ちや言動が変わっていくかもしれません。

大切なのは、**メンバーに対するリーダーの心の持ちよう**です。

Point 22 リーダーからも報・連・相をとりにいく

23
すぐに「助け舟」を出していませんか？

「メンバーを助けすぎてしまう」「すぐに手をさしのべてしまう」という悩みを抱えているリーダーもいるかもしれません。

あなたは、次のような振る舞いに心当たりはありますか？

□メンバーが壁にぶつかりそうだと思ったら、すぐに回避できるレールを敷く
□メンバーが迷ったり、悩んでいると、答えを伝えてしまう
□相談にのりながら、結局は、自分が良いと思う道に導いている
□クレーム対応中のメンバーに気づいたら、すぐに電話を代わってあげてしまう
□難しい交渉ごとだとメンバーが感じていたら、代理で交渉してしまう

メンバーが困っていたら、つい助け舟を出したくなってしまう方ですか？

人によっては、「なぜ、こんなこともできないの？」とイライラして、すぐに答えを出したり、「自分で対応したほうが後がラクだ」と思って安易に仕事を引きとってしまうケースもあるかもしれません。

いずれの場合も、リーダーがすぐに答えを伝えたり、仕事を代わってしまうと、メンバーの考える機会が減り、リーダーに頼る癖がついてしまいます。

また、リーダーが助け舟を早々に出してしまうことは、メンバーの経験や成長の機会を奪うことにもつながりかねません。

たしかに、壁にぶつかったり悩んだりすることは、一見ネガティブなことであり、避けて通れるなら、そのほうが良いという考え方もあるかもしれません。

しかし、壁にぶつかりながら、一生懸命に考えて対応することでしか、学べないこともあるのではないでしょうか。

Point 23

リーダーの「助け舟」が成長の機会を奪うこともある

24

細かなノウハウばかりを伝えていませんか？

メンバーから相談をうけたとき、あなたは何を大切にしていますか？

相談に対するとき、何を意識して答えるようにしていますか？


ひとつ具体的な場面を例に考えてみたいと思います。

例えば、初めての社内プレゼンを任せたメンバーがいたとします。メンバーは本番を前にして、「うまくいくだろうか？」と不安に陥り、真剣な面持ちであなたに相談に来ました。


「プレゼンを成功させるコツを教えてもらえませんか？」

さて、あなただったら、どんなひと言（アドバイス）を返しますか？

・「ポイントは3つに絞ると良いよ」
・「長々と説明せず、箇条書きで伝えようとすると良いよ」
・「プレゼンテーションに関する本を読むと良いよ」

などなど、いろいろなアドバイスが考えられると思います。
そのどれもが、有効なアドバイスだとは思うのですが、ぜひひとつ、意識してほしいことがあります。

それは、**「考え方を伝える」**ということです。
メンバーに「どうすればうまくいくだろうか？」と考えてもらうというワンステップを踏むことを、ぜひ意識してみてください。

一つひとつ細かく指示をし、スキルややり方を伝える指導ばかりをしていると、メンバーは教わったことを、教わったとおりに、「こなす仕事」をするようになってしまう可能性があります。

それでは仕事を任せる意味がありません。

「この仕事をするうえでの大切な考え方」を伝えることを意識してみてください。

今回の場合でいくと、次のように伝えることが、「考え方を伝える」ことの一例となります。

・「伝わった状態というのは、どういうことだと思う?」
・「そもそも、プレゼンの成功って、どういうことだと考えている?」
・「伝えたいことが相手に残るには? という観点で考えてみるとどうだろう?」

このような問いから対話をスタートすることを、ぜひ心がけてみてください。すぐに答えを出すのではなく、メンバーにじっくり考える時間をわたすのです。

問いで導くことは、考える視点や、困難な場面での考え方を伝えることにもなるからです。良い問いは、きっと、メンバーの成長につながります。

もちろん、あなたには、任せた仕事を成功に導くために培ってきたノウハウが数多（あまた）あると思います。

ただ、なんでもかんでも、手取り足取り教えていては、「考えないメンバー」になってしまうと同時に、「あなたのコピーをつくること」にもつながりかねません。

そうならないよう、問いをたてたうえで、メンバーに考えてもらうことを、意識しておきましょう。

Point 24

メンバーに伝えるのは、やり方ではなく考え方

25

メンバーの「大丈夫です」は鵜呑みにしない

メンバーのことや、任せた仕事の進捗が気になったときに、あなたは、どんな声をかけていますか？

・「大丈夫？」
・「どう？」
・「困ってない？」

このときに、もしもメンバーから「大丈夫です」という言葉が返ってきたなら、その言葉を鵜呑みにするのは危険かもしれません。というのも、多くのメンバーの心理として、「大丈夫じゃないです」とは、なかなか言いづらいものだからです。

・「仕事ができない人と思われたくない」
・「次のチャンスがもらえないかもしれない」
・「評価が下がるかもしれない」

このような心理により、つい、「大丈夫です」と答えてしまいがちです。
また、「大丈夫です」と答えるメンバーのなかには、自分で自分のキャパシティを把握できておらず、無理をしてしまう人もいるかもしれません。

メンバーの「大丈夫です」に対して、リーダーは「そっか、じゃあ、引き続きよろしくね」と答えるのではなく、大丈夫の根拠を、ぜひ次のように掘り下げてみてください。

・「大丈夫とはいえ、もしもあえて、ひとつだけあげるとしたら、悩んでいることって、例えばどんなこと？」
・「いま、同時に抱えている案件って、どんなのがある？」

・「この仕事に使える時間はどれくらい？」

このような問いを立てることをオススメします。

メンバーの具体的な答えにより、このまま任せ続けても本当に大丈夫かどうかの判断ができるでしょう。

しかし、もしもその答えがあいまいだったり、メンバーの希望的観測が強そうだと感じたなら、そこから対話をもう何往復か続けてみてください。

これにより、何かフォローができるかもしれません。

これにより、抱え込みすぎている状態を整理してあげられるかもしれません。

これにより、未然にリスク回避ができるかもしれません。

メンバーの表情や、態度、声のトーンにも、ぜひ気を配ってみてください。

もちろん、これがすべてではありませんが、参考のためにいくつかチェックポイントをあげておきます。

《表情》

□笑顔が少ない気がする

□表情がくもっているように感じる

□目つきがいつもと違う

《声のトーン》

□いつもと声のトーンが違う（低い）

《態度》

□目を合わせてくれない

□いつもより口数が少ない

□キーボードを打つ音が大きい

□いつもより受け答えが淡々としている

Point 25

メンバーの「大丈夫」を鵜呑みにしない

26

メンバーを追い詰めていませんか？

任せた仕事の進捗が芳しくないと、心配になったり、焦ったり、やきもきしたり、イライラしたりしてしまうというリーダーもいるかもしれません。
そんな感情にさいなまれたときのことを思い出してみてください。

⊙メンバーにどんな声をかけているでしょうか？
⊙どんな表情で、メンバーに話しかけていますか？
⊙感情をぶつけてしまうことはありますか？
⊙メンバーを追い詰めるような振る舞いをしていませんか？

プレッシャーを与えることで、メンバーのお尻に火がつき、短期的に結果が出ることもあるでしょう。しかし、メンバーにはリーダーに対する「恐怖心」が残ります。

そうなると、やがて報告や相談が減り、後々になってもっと大きな別の問題に発展するかもしれません。

また、追い詰められることがストレスになり、メンバーが「もうこのリーダーとはやっていけない」とチームを離れようとする可能性もあるかもしれません。

その様子を見たほかのメンバーも、「いまは結果を出せているから良いけど、自分もいつああなるかわからない」と不安を感じることにもつながります。

追い詰めるアプローチによるマイナスの影響は広範囲に及びます。

「つい、追い詰めるような振る舞いをしてしまう」といった場合には、一度ぜひ、そのことと向きあってみることをオススメします。

もしかしたら、リーダー自身も、周りから短期的な成果を求められ、追い詰められているのかもしれません。

まずは、自分の心理状態を自覚することからはじめてみてください。

Point 26 大切なのはメンバーではなく結果を追い求めること

27

メンバーの健康やプライベートにも配慮する

リーダーがメンバーに仕事を任せているときに、最もやってはいけないこと。それは、メンバーの「心身の健康」に気を配らないことです。

「健康を害してまで頑張れ」とまでは追い込んでないから大丈夫と思うかもしれません。でも、メンバーが自分で自分を追い込んでしまう場合もあるので、注意が必要です。

任された仕事への喜びが大きければ大きいほど、「期待に応えたい」「認められたい」「失敗したくない」「これをきっかけに昇格したい」といった気持ちなどから、メンバーが無理をしてしまうことがあります。

リーダーには、メンバーの心身に影響があるほどに頑張ってしまわないように気を配る責任があります。

本人も気づかないうちに、メンバーはいろいろなサインを出しています。

⊙顔色が悪い
⊙遅刻が増えた
⊙服装や髪型などにみだれを感じる

これらはメンバーの〝声なきＳＯＳ〟です。
小さな兆候や違和感を見逃さず、フォローの声がけをしてみてください。

任せている仕事のことで、何かを抱えているかもしれません。
仕事は順調でも、プライベートで何かを抱えているかもしれません。
国や会社の制度により、解決できることがあるかもしれません。

大切なのは、**メンバー一人ひとりの人生に心を寄せること**だと私は思います。
もちろん、メンバーには、メンバーのプライバシーがあります。言いたくないこともあるかもしれません。

ここは、とっても難しいことなのですが、事情を報告してほしいというアプローチではなく、例えば次のように、聞いてみても良いかもしれません。

「最近遅刻が多いことが気になっているんだけど、何かあったかな？　何か助けられることがありそうだったら話してほしいし、頼ってほしい。もちろん、個人的な事情は、話さなくても良いから」

まず心身の状態を心配していることを示します。そして、その理由を伝えてあげたうえで、具体的な事情を話すかどうかに関係なく、力になりたいと思っているということを、伝えてみてください。

ある会社の社長は、こう教えてくれました。

「自分が子育てや介護をしていて『ちょっと大変だな』と思ったことは、意識して社員に伝えるようにしている。そうすれば、社員も自分のプライベートでの困りごとを話しやすくなるかもしれない。大切な仲間が、人知れず悩んでつぶれてしまったら悲しいし、会社としても優秀な社員に退職されてしまったら打撃だからね」

まさに「弱さの自己開示」です。

この話はもちろんあくまでも一例ですが、メンバーの心身の健康を慮る姿勢はリーダーとして大切なことだと思うのです。

Point 27

リーダーの最大の責任はメンバーを守ること

28

やみくもに「キミなら大丈夫」と励ましていませんか？

任せたことに対して、「やっぱり自信がない」「いまの私には、荷が重い」「私にはまだ早すぎたのかもしれない」「なかなかうまくいかない」と、途中で尻込みするメンバーもいるかもしれません。

そんなとき、何の根拠もなく「キミなら大丈夫！」と励ましても、まったく意味がないのです。

「この人は適当なことを言っているだけ」
「その仕事をやらせたいから言っているだけ」
などと思われ、信用してくれなくなることも考えられるからです。

そうなっては逆効果です。ではどうすれば良いのでしょうか？

それは、**「大丈夫の根拠」を具体的に伝えてあげる**ことです。

リーダーのあなたが、「任せたい」「任せられる」と判断したメンバーです。不安な点をヒヤリングしたうえで、任せたいと思ったその根拠を、しっかり伝えてみてください。


例えば、こんな感じです。

「お客様へのプレゼンはたしかに緊張するかもしれないけれど、この前の社内プレゼンは説得力があって好評だったよ。相手が変わるだけだから、大丈夫。安心して任せられると思ってのことだよ」

大切なのは、次のような趣旨が相手に伝わることです。
⊙新しく思える仕事も、これまでの仕事の延長線上にあること
⊙強みを活かせること（それにより「任せたい」と思ってのことであること）

⊙これまでのことを評価されてのオファーであること
⊙そのポジションが務まると思えるからこその依頼であること
⊙必要に応じて、もちろんサポートや相談にものること

実は、私にも似たような経験があります。逃げ出したくなるような仕事を任されたときに、ある人が背中を押してくれました。

当時の私は「ここから先はムリ」と、自分で勝手に枠を決めてしまっていました。そんなとき、不安に押しつぶされ、逃げ出したい気持ちでいっぱいだった私に、ある人が「○○ができているから大丈夫」と、力強く根拠を添えたメッセージをくれたのです。

その言葉は、自信へとつながり、挑戦するにあたり、一歩踏み出す勇気になりました。

最後にもうひとつ。本人の資質や能力といった根拠とは別に、「サポートするための時間も惜しまないから」「どんな些細なことでも相談にのるから」などとサポート

体制について言及することも大切です。

例えば、

「何かトラブルがあったら必ずフォローに入るから」

こういったひと言があったなら、メンバーは「一人きりで挑戦するわけじゃない」と安心し、任された仕事に挑戦することができるでしょう。

Point 28

「君なら大丈夫」の根拠を具体的に伝える

29

「何があっても引きとらない」とかたくなになっていませんか？

⊙任せた仕事は、最後まで、任せきる
⊙安易に、引きとらない

これは、任せるときの大原則です。
ただし、だからと言って、「いつ、いかなるときも、絶対に引きとらないほうが良い」ということをお伝えしたいわけではありません。

⊙任せたのちに、想像以上のタスクが判明し、ひとりでは納期に間に合わない
⊙家庭や体調などやむを得ない事情により、本人から相談をうけたとき

こういう事情なら、仕事を引きとることも考慮に入れておくべきでしょう。

ただ、こんなときでさえ、次のように思うリーダーもいるかもしれません。

・「最後まで任せたほうが、本人のためになる（＝引きとらないポリシーだ）」
・「とは言っても、ギリギリまで頑張ってほしい」
・「何があっても引きとらない。それが本人の成長につながるんだ」

こういったように、メンバーの成長を願っての判断もあるかもしれません。それも一理あるとも思います。

しかし、本当にそれが、本人のためになり、周りにも良い影響を与えるかというと、必ずしもそうではない場合もあると思うのです。

「何があっても引きとらないことが本人のためだ」と、決め込んでしまうのではなく、大切なのは、メンバーと相談する姿勢です。

ポイントは、**「こうだと決めつけずに、対話をすること」**です。

⊙任されたときと、何か状況が変わったことはないか？
⊙任されたときには想定していなかったことが起きていないか？
⊙進めていくうちに見つかった新たな課題はないか？
⊙優先順位がつけられず、困っていないか？

このように、何かひとりで抱え込みすぎていないだろうか、ということを、表情などにも気を配りながら話をしてみてください。

メンバーの「聞いてもらえた感」を大切にするとともに、最後まで話をさえぎられることなく「言えた感」も意識することをオススメします。

事情や状況を確認して、メンバーの意思を聞き、きちんと話しあったうえでリーダーが「このプロジェクトはほかのメンバーとともに進めてもらう」と決めるプロセスが、納得感につながります。

引きとるも、引きとらないも、リーダーの独断による振る舞いは、メンバーを残念な気持ちにさせてしまいます。
納得感がそこにあるかどうか。
違和感や残念さが残らないかどうかが大切です。

メンバーの状況や事情にあわせて任せることができる関係性づくりを意識すること。そんな姿勢が伝わると、弱みや本音を打ち明けてくれるチームになってゆくでしょう。

Point 29
ときには「任せることをやめる」判断もある

30

「わからなかったら聞いてね」とだけ伝えていませんか？

「わからないことがあったら、遠慮なく聞いてね」

こう声をかけることがあると思います。ただ実はこれ、次の2つの理由により、相談が来ないケースもあり得ます。

①相談する内容が明確になっていない場合

ひとつめは、何を相談して良いかわからないケースです。

これまでにもお伝えしてきたとおり、「何がわかっていないかが理解できていない」といったように、そもそもメンバーの頭の中が整理されていないこともあり得ます。

本人にとってははじめてのことや、難易度の高い案件になればなるほど、相談が来ないケースがあり得るという前提に立つ必要があります。

「相談したくても、何を相談したら良いかわからない……」

そんなメンバーの様子が見てとれたときには、メンバーが相談内容を言語化できるように導いていくことも必要です。

②リーダーに相談しづらい場合

ふたつめは、「心の世界の問題」です。

リーダーが相談しづらい相手として認識されてしまっているケースです。

メンバーのタイプも、さまざまです。どんな相手に対してでも、率直にモノが言えるというメンバーもいれば、そうでないメンバーもいるでしょう。

また、リーダーであるあなたが、「相談しやすい雰囲気を醸し出しているかどうか」は、大きなポイントです。職場にいるときの自分を思い浮かべてみてください。

□笑顔でいるように心がけていますか?
□穏やかな表情でいることが多いですか?

それとも、
□眉間にシワをよせていることが多いでしょうか?
□職場でいつも怒っていたり、イライラしてしまうほうでしょうか?
□寄せつけないオーラを出しているとの自覚がありますか?

メンバーが相談しやすい雰囲気でいることは、任せた仕事がうまくいくかどうかを左右すると言っても過言ではありません。メンバーが相談しにくくなるような非言語メッセージを普段から発していないかどうかも、この機会にぜひあわせて、振り返ってみてください。

そしてもうひとつだけ。

メンバーから話しかけられたときに、メンバーが萎縮するような第一声や、表情をしないことを心がけることです。

というのも、メンバーの相談をどう受けとめようとしているかが、「とっさ」の表情や行動にあらわれてしまうからです。

本当に悩んでいるとき、人はなかなか心のうちを言葉にできないものです。

表情がくもっている、反応が鈍い、落ち着かない態度をしているなど、言葉にならない非言語メッセージを見逃さず、リーダーのあなたから働きかけるようにしてみてください。

きっと、そうした意識と行動の積み重ねにより、信頼関係が培われてゆくでしょう。

Point 30

非言語メッセージは、いろいろなことを伝えてくれるサイン

31

「やる気がなさそう」と決めつけない

大きなプロジェクトを任せたメンバーが、例えば、定時での帰宅が続いたり、休暇をとったりしていたとします。

そんなときに、「任せたプロジェクトは、一体大丈夫なんだろうか？」と不安に陥ったり、「はたして、やる気はあるのだろうか？」といったように、決めつけてしまうことはないでしょうか？

「こういう案件を任されたときに、休暇をとるなんてあり得ない」といった思い込みがあると、リーダーにとっての常識（当たり前）から外れた言動にイライラしてしまうことがあるかもしれません。

ただ、「せっかく任せたのに、やる気がないようだ」と、決めつけてはいけません。

また、「こんなときに休むなんて信じられない」といったように、周りに愚痴をこぼすことも、リーダーとしてあってはならないことです。

任せた仕事の意義や価値が伝わっているのなら、「無責任な言動はしないはずだ」と信じることからはじめること。それが出発点です。

そのうえで、あらかじめ決めておいたタイミングで、仕事の進捗報告をうけ、そして、そのときに判断すれば良いのです。

なかには、本当にメンバーにやる気がないことが判明するケースもあるかもしれません。進捗報告のタイミングでそのことを感じたのなら、勝手に思い込んだり、決めつけたりするのではなく、本人とやはり対話をしてみることです。

「誰のため、何のため」のプロジェクトであり、「なぜ、任せたいと思ったのか」をもう一度伝えてみることも必要でしょう。

Point 31 自分の思い込みで「やる気がない」と決めつけていないかどうかを振り返ってみる

32

「相談しあう風土」がチームを強くする

任せる案件によっては、「機密情報の開示範囲」が制限されることもあるかもしれません。チームメンバーへの相談はNG。自分にしか相談してはいけない場合には、あらかじめそのことを伝えてあげると良いでしょう。

ただ、もしも、そうでないようであれば、任されたメンバーが相談相手に悩まないためにも、あらかじめ、相談相手やその範囲を伝えてあげることをオススメします。

・「相談したいことがあれば、チームメンバーに相談して良いからね」
・「誰にも相談してはいけないってことは、ないからね」
・「チームでブレスト（ブレインストーミング）するのも良いと思うよ」
・「この案件で困ったら、〇〇さんに相談してみるのも良いかもね」

事前にこう伝えてあげることで、メンバーは気持ちがラクになることもあるでしょう。

ところで、あなたの組織は、**「お互いに相談しあう風土」**があると思いますか？

何かあったらお互いに助けあい、知恵を出しあい、相談しあえる風土を日ごろから醸成する組織づくりが、リーダーにとっての、大切な仕事のひとつです。

□日ごろから、何か困ったら相談しあっていそうでしょうか？
□日ごろから、チームで案件を共有していそうでしょうか？
□「忙しいのに……」といったメンバーはいないでしょうか？
□「困ったときはお互いさま」と思いあっていそうでしょうか？

Point 32
メンバーがお互いに相談しあえる風土を意識する

第

章

成長につながる任せ方【評価とフォロー】

33

「一区切り」を伝えていますか？

任せていたプロジェクトが終了したとき、あなたは、メンバーにどんな言葉をかけていますか？

長期プロジェクト、負荷や負担の大きかったプロジェクト、いろいろな紆余曲折あったプロジェクト。そんなプロジェクトであればあるほど、ぜひ、**「一区切り」を実感できるようなメッセージを伝えてあげてほしい**と思います。

リーダーのなかには、「メンバーが燃え尽き症候群にならないために」と慮ったうえで、あえて、一区切りを感じさせるようなメッセージを「出さない」という考えのリーダーもいるかもしれません。

ただ一方で、次のような声を耳にすることがあります。

あるＩＴ企業に勤めるプロジェクトリーダーの話をご紹介します。

プロジェクトが終わると、その方の上司（担当役員）は決まって、次のようなメッセージをくれるそうです。

「お疲れさま！　さあ、また新しいプロジェクトもはじまるから気を抜かずに次もよろしくね！　期待してるよ!!」

面白いプロジェクトを次から次に、任せてもらえることに本当に感謝しているそうですが、毎度、終わった感がしないそうです。

「一区切り」を実感し、達成感を味わうことは、とても大切なことだと思うのです。そうでないと、「一体、いつまで走り続けたら良いんだろう？」と息切れしてしまうメンバーも出てくるかもしれません。

任せた案件に一区切りをつけることについて、具体的に２つご紹介します。

まずは、「ようやく終わったね」「お疲れさま」と、メンバーを労う言葉をかけたうえで、プロジェクトを任せたリーダーとして、「感じたこと」を言葉にして伝えてみてください。

ここでのポイントは、**「感じたこと」を言葉にする**という点です。

決して、「評論家目線」にならないこと。結果を分析したり、評価したり、評論するのではなく、感じたことをぜひ伝えてあげてください。

例えば、

⊙「やりきってくれて、うれしい」

⊙「このプロジェクトを通して、たのもしさを感じたよ」

など、感情を表現すると良いでしょう。

次にオススメしていることは、任された仕事のことを振り返るための、「リフレクション時間」を設定することです。

プロジェクトを通しての感想、学び、気づき、教訓など、思い思いに言葉にしながら、このプロジェクトのはじまりから終わりまでを振り返る時間を設けるのです。

経験を言語化するという時間は、かかわったメンバー一人ひとりにとっての学びが深くなるだけでなく、大きな達成感を感じられる機会になるでしょう。

最後に、プロジェクトによっては、そのプロジェクトが終わったことへの「打ち上げを行う」というのも、良いかもしれません。

ただし、全員が全員、参加できるかどうかということへの配慮は必要です。

たしかに、プロジェクト終了後の打ち上げは、「ひとつの区切り」や「けじめ」という点では有効です。

ただ、打ち上げをしたいものの、いろいろな事情で、どうしても参加できないというメンバーがいるかもしれません。そのあたりの配慮は、リーダーとしてぜひ、考えてみてください。

あるひとりのリーダーが教えてくれたことを最後にご紹介します。

それは、「ランチ打ち上げ」です。

以前、そのリーダーは、「打ち上げと言えば、夜やるのが当たり前。参加できる人が参加すれば良い」と思っていたそうです。

しかし、短時間勤務を選択しているメンバーや、介護と仕事を両立しながら働いているメンバー、定時後に習い事をしているメンバーのことを思うと、どうしたものか……と考えるようになったそうです。


そこで、たどり着いたのがランチ打ち上げだったのです。

メンバーからも好評だという話もあがるようになってきました。次第に、ランチ打ち上げの文化は、他チームや他部署にも徐々に広がるようになってきたとのことです。


もちろん、メンバーや組織によっては、ランチ打ち上げは、歓迎されない場合もあるかもしれません。

なかには、「自分のせいでランチ打ち上げになってしまった」と感じる人や、「日によっては、夜の打ち上げに参加できることもあるから、いつでもランチじゃなく、個別に相談してほしいのに……」という声も耳にします。

伝えたいことは、「区切り」を感じられる工夫や仕組みを作ることです。

皆さんが「ひとつの区切り」をどう演出するかを考えるにあたり、この事例が、考えるきっかけになればと思ってのご紹介です。

Point 33

メンバーが仕事に「一区切り」を感じられるような工夫をする

34

任せた結果が変わる「プラスワンのひと言」

任せたあとの「ひと言」は、とても大切です。
そのひと言がメンバーには評価となって伝わるからです。
まずは、次のことを確認しておきましょう。

□どれくらいの「難易度」の仕事を任せたのか?
□どのくらいの「時間がかかる」と想定して任せたのか?

これらの尺度は一例ですが、仕事の価値を正しく測るには、いくつかの基準や判断軸をあらかじめ持っておく必要があります。

そうでなければ、正しい評価を言葉にすることはできません。

そのことについて、ひとつある事例をご紹介します。

リーダー：「急ぎでゴメン。明日までに仕上げてほしい」
メンバー：「わかりました。明日までに仕上げられるようにします」

任されたその案件は、どう見積もっても、2日はかかりそうな仕事でした。ただ、急ぎであることはわかっていたため、いま抱えている仕事を調整し、他メンバーにもその一部を手伝ってもらい、その日の夕方には仕上げて報告に行きました。

メンバー：「今朝の件、できました」
リーダー：「おっ、有り難う」
メンバー：「大丈夫そうでしょうか？」
リーダー：「あとで確認しとく。データも送っといて～」

皆さんは、このやりとりに何を感じますか？ どう思いましたか？
かかわったメンバーは、**「短納期で仕上げたことに対するコメントがなかったこと」に対して、がっかりした**と言います。

・「何かひと言があっても良いよね……」
・「せっかく、早めに仕上げたのにな……」
・「明日で良いって言われていたとはいえ、何のコメントもないなんて……」
・「結局、自分の手柄しか考えていないんじゃない？」
・「頑張って、損した気分」

このように、任せた仕事の結果に対するリーダーの「反応」により、わかることがあります。

「リーダーは、仕事を任せた」のか？
「リーダーは、仕事をふった」のか？

この2つのどちらの感想をメンバーが抱くかに、リーダーの任せる力があらわれると思うのです。今回の事例でいくと、次のようなリーダーの声掛けがあったとしたらどうでしょう。

⊙「こんな短期間で、有り難う！ 助かったよ」
⊙「えっ？ もう?! きっといろいろと調整してくれたってことだよね。有り難う！」

こういったリーダーの反応があれば、メンバーは「仕事をふられた」ではなく、「任されて良かった」と思うでしょう。

「任せること」をめぐる一連のプロセス一つひとつにリーダーのあり方があらわれます。右から左へ、仕事を流してばかりいると、メンバーからの信頼を失うだけでなく、「仕事ができないリーダー」「いい加減なリーダー」などと、思われるかもしれません。

Point 34 **心ある任せ方をしているかどうかは、メンバーからの信頼に影響する**

35

「なぜそうなったか？」の裏に責める気持ちはありませんか？

リーダーが陥りがちなこととして、「原因をしつこく追及する」ということがあげられます。

「なぜ？」「なぜ？」「で、なぜ？」「なんで？」といったように、メンバーが答えても答えても、「なぜなんだ？」を投げかけ続けるといったことはないでしょうか？

原因を質問しているというよりも、「詰問」し続ける。そんなことはないでしょうか？

⊙「なぜ、業績が上がらないのか？」
⊙「なぜ、プレゼンに失敗したのか？」
⊙「なぜ、忘れたんだ？」
⊙「なぜ、報告しなかったのか？」
⊙「なんで、こんな結果になったんだ？」

任せていることをめぐって、何か問題が起きたとしましょう。そのとき、次の一手を決めるためにも、原因を特定することは大切です。原因を追究しなくても良いということではありません。

ただ、気をつけていただきたいのは、この質問の奥に、次のような感情がないかどうか、です。

⊙「責める」という気持ちがないだろうか？
⊙「あきれる」という感情がないだろうか？
⊙「怒り／イライラ」という感情がないだろうか？

任せた案件がうまくいかなかったことに対するこれらの感情や気持ちは、「リーダーの表情、口調、声のトーン」などにあらわれます。

そして、メンバーには、リーダーの感情が言葉以上に敏感に伝わります。

「なぜ?」と問う、自分自身の心の状態に、目を向けてみてください。

さて、こんな方もいると思います。

「私はメンバーを責める気持ちも、あきれてもなく、イライラもしていない。純粋に今後のために原因を追究したいから、なぜ?と聞いている」と。

ただ、やはりその場合でも、「なぜ? ばかりを繰り返すような会話」はオススメしません。

というのも、「うまくいかなかった」ことを重くうけとめているメンバーにとっては、無意識のうちに、「なぜ?」という言葉が繰り返されることで、責められていると感じてしまうことがあるからです。

責められていると感じてしまうと、冷静に自分を振り返ることができなくなります。

大切なのは、いまからどうするかの一歩ではないでしょうか。

メンバーと接するときは、「変えられない過去よりも、変えられる未来」に向けて問いを立てることを心がけてみてください。

ポイントになる問いは、**「では、どうする？」**です。

⊙「いまからできることは何だろう？」
⊙「どんな案が考えられる？」

未来に目を向けた問いは、「変えられるポイント」を振り返りやすいものです。「なぜ？」を「で、どうする？」に変えると、会話の方向性が変わります。

Point 35
「なぜ？」ではなく、「で、どうする？」という未来への問いを大切にする

36

メンバー同士のフォロー体制をつくる

プロジェクトを進めていくなかで、ちょっとしたトラブルや、想定外の出来事や、予定の変更はつきものです。

その際、「ひとりの担当者」しか対応できない体制になっていたりはしませんか？

私の知っているあるリーダーは、毎朝5分だけ、短時間勤務のメンバーの出社時間にあわせて、チームミーティングの時間をとり、メンバーに自分がいまどんな案件を抱えているかを発信してもらうようにしているとのこと。

こうすることで、「Aさんは明日が締切の仕事で忙しそうだから、この仕事は自分がやろう」といったように、メンバー同士が自発的にフォローしあうといった、いろいろな効果が生まれたそうです。

この方法にはもうひとつのメリットがあります。

それは、リーダー自身がメンバーの仕事の総量を正確に把握できるということです。

「Bさんは役員から、直接調べモノを頼まれていたのか……」

こういったように、リーダーだけが、仕事を任せているわけではないということを自覚するようになったそうです。


「リモートワーク」や「フレックスタイム」「短時間勤務」「テレワーク」など、多様な働き方により、毎朝、決まった時間に、メンバー全員が顔を揃えることがない、という組織も増えてきていると思います。

その場合は、リアルミーティングではなく、テレビ会議システムを使うというのもありでしょうし、メールでの共有もありだと思います。大切なのは、**「担当している本人以外、誰もまったく事情がわからない」という状況をつくらない**ということです。


もうひとつ、別のあるリーダーが教えてくれたことがあります。

そのチームは、メンバーが6人。短時間勤務の社員もいれば、週1〜2回ほどは在宅勤務をしているメンバーもいるなかで、なかなか仕事の共有がうまくいかないと感じていたそうです。

そんななかで導入したのが、「お客様からのメールのすべてを、CCやBCCにより、チーム全体で共有する」ということでした。

はじめは、メールの量が増えることに抵抗を感じるメンバーも多かったようなのですが、案件共有により、次のようなメリットがチームのなかに生まれたそうです。

⊙急なお休みでも、他メンバーが対応できること
⊙お互いに、繁忙期／閑散期が明らかになったこと
⊙お互いに、助けあいの精神が生まれたこと
⊙お互いに、安心して有給休暇を取得できるようになったこと
⊙お互いの仕事の仕方に、学びや気づきを得たこと（ナレッジシェア）

メンバーが多くなってしまうとメールが増えてかえって大変になりますが、少人数のチームなら効果的なやり方かもしれません。

お互いにフォローしあう状況は、ただ単に「みんなで助けあおうね」と声をかけるだけでは生まれません。

大切なのは、**チーム内で発信する仕組みが、「文化（習慣）」になること**です。

文化になるまでの間は、リーダーのフォロー姿勢が大きな影響を及ぼすでしょう。「困っているとの声を上げれば、リーダーを含めて、必ず誰かがフォローしてくれる」こういう信頼感がお互いに生まれることで、メンバーは安心してヘルプミーを言えるようになるでしょう。

Point 36

お互いの情報を共有することでフォローしあう

37

「できたこと」「できなかったこと」がわかる終わり方

仕事の終わりは、はじまりと同じくらい重要です。

「目標を達成できたのか？」「どのくらいの成果があるのか？」といったことを評価することももちろん大切です。

しかし、任せた仕事を通して、メンバーがどれほどに成長できたかも、とても大切な評価軸です。むしろ、任せることの主目的と言っても良いでしょう。

ひとつのプロジェクトが終わったら、「できたこと」「できなかったこと」を本人がしっかりと把握できるような、面談や対話の時間を持ちましょう。

「できたこと」は自信につながり、「できなかったこと」は課題につながります。

その際のポイントは、リーダーが先に評価コメントを伝えるのではなく、メンバーが自己評価を言葉にすることです。

どこまでできたのか、何が課題なのか、次はどんなことに挑戦したいのかなど、「どうしてそう思うのか？」などと促しながら、本人に確認していきましょう。

もしかすると、メンバーはすぐには答えられないかもしれません。

また、リーダーの見立てとは違った答えが返ってくるかもしれません。

それでもかまいません。

リーダーからの問いかけはメンバーの心に残り、考えるきっかけとなるはずです。

仕事の終わりは、次の成長やキャリアにつながる大切な結節点です。

Point 37

「できたこと」は自信に、「できなかったこと」は次に活かす

第5章

リーダーのあり方
～任せる覚悟

38

「丸投げ」になっていませんか？

任せ方の二大失敗例のひとつが「丸投げ」です。

「任せる」と、「丸投げ」とは、まったく異なります。

「ちなみに、この仕事は『任された』ものなのだろうか。それとも、『丸投げされた』ものなのだろうか？」

こういったことに、メンバーは気づいていると思って良いでしょう。

ところで、日ごろ、次のような振る舞いをしていませんか？

□役員や本部から送られてくるメールは、機械的に特定メンバーに転送している
□何も書かずに、メールを転送することがある
□メールの内容をよく読まずに、「これよろしく！」と転送することがある

忙しくて時間に追われていると、ついこんな対応をしたくなるかもしれません。提出物や報告書が多すぎて、こんな対応になっていったのかもしれません。

例えば、ここに2人の管理職がいたとします。

⊙管理職のAさんは、報告書の作成は、自分もメンバー時代に任せてもらっていて、とても勉強になった仕事のひとつでした。自分のメンバー時代の話も伝えたうえで、とても意義あるものだからとメンバーに報告書作成を任せています。

⊙管理職のBさんは、報告書の作成は、正直言って面倒。忙しいこともあり、毎月、報告書フォームを転送し、メンバーに任せています。

この2人にインタビューをしました。報告書の作成はどうされていますか？と。

2人の回答は、まったく同じものでした。

「報告書作成はメンバーに任せています」

あなたは、この事例を読んで、どう思いましたか?

メンバーはどう感じていると思いますか?


丸投げかどうかはメンバーの受けとめ方次第です。メンバーが押しつけられた仕事だと感じたなら、それは、ただの「丸投げ」です。

先ほどの例で言うと、Bさんの任せ方は「面倒だからメンバーに任せた」と言わんばかりです。「丸投げ」と思われても、仕方ありません。


一方、意義や価値があると感じられる仕事、貢献できていると感じられる仕事、やりがいを感じ、誇りに思う仕事に対しては、「丸投げされた」とは思わないでしょう。

Aさんの任せ方なら、任された側も「これは意義のある仕事だ」と感じとってくれる可能性が高まります。

同じ「報告書作成」でも、任せ方により、メンバーのとらえ方が変わってくるのです。

最後に、丸投げのデメリットをまとめましょう。

⊙メンバーが不信感を抱く
⊙メンバーのやりがいを奪う
⊙メンバーから「仕事ができないリーダー」と思われる

丸投げと感じられないよう、あなたがメンバーに任せたい仕事に意義や価値を添えてみましょう。

Point 38
「丸投げ」と感じるかどうかはメンバー次第

39

「マイクロマネジメント」になっていませんか？

任せ方の二大失敗例のふたつめが「マイクロマネジメント」です。リーダーがメンバーの仕事にイチイチ、細かく口を出し干渉する「マイクロマネジメント」は、ある意味、丸投げとは逆の行為とも言えるでしょう。

例えば、日ごろ、次のような振る舞いをしていませんか？

□仕事の進め方ややり方を細かく指示している
□「今日中に終わらせて」と伝えた仕事の進捗を1時間ごとに確認する
□お客様との電話を切った瞬間に「どうだった？」「何だって？」と聞く
□メンバーに任せっぱなしが不安で、すべての案件にかかわっている

プレイヤーとして非常に優秀だった人が、組織やチームを率いるようになったときに、次のようなことを、よく耳にします。

⊙自分が、当たり前のようにできていたことが、なぜできないのか、わからない
⊙メンバーの仕事ぶりにもどかしさを感じる。危なっかしすぎる
⊙段取りの悪さにいてもたってもいられず、細かく指導するしかない
⊙とにかく、不安でしょうがない。とても任せられるような状況ではない
⊙つまずくポイントが予測できるから先回りして手取り足取り教えている

同時に、次のような相談をうけることがあります。

「私もプレイヤー時代、ずいぶん任せてもらってきました。なので、任せることが大切だと頭ではわかっているのですが、任せたあとに、どうしても、マイクロマネジメントをせざるを得ない状況に陥るんです。できるメンバーがいない場合、どうしたら良いのでしょうか？」

原因のひとつとして考えられることは、「成果責任」を果たそうとするあまり、常にメンバーの状況を把握して、舵取りをしなければいけない、と神経質になってしまっている点です。

また、自分と同じような成果をあげるためには、自分があれこれ、具体的に指示したほうがよい、と信じている可能性も考えられるでしょう。

短期的な視点でいくと、一時的な成果は見られますが、マイクロマネジメントは長期的な視点ではマイナスばかりです。

①メンバーの考える力が失われてしまう

マイクロマネジメントの最大の欠点は、「メンバーの考える力」が失われることです。

次の仕事も、そのまた次の仕事も、リーダーが細かく指示をし、頻繁な報連相を求めるという手取り足取りのマイクロマネジメントに慣れてしまうと、やがて、「自分で考えることを放棄」するようになっていくでしょう。

これでは、いつまで経っても、メンバーの成長は見込めません。

②リーダーとメンバーとの間に信頼関係が醸成されづらい

リーダーの「不安から起こる過干渉」は、メンバーとの信頼関係を築くことを困難にしてしまいます。頻繁に報告を余儀なくされることにストレスを感じ、知らず知らずのうちに、メンバーの心が疲弊してしまいます。

また、リーダーの「キミに任せるよ」という言葉は、「キミにこの仕事を任せるから、私の言うとおりに、指示に従って動くように。適宜の報告も怠らないように」ということだと解釈されるようになるでしょう。のびのびと仕事をするというよりも、監視下で仕事をするといった感覚を抱くようになるのです。

考える力は、余白によって育ちます。

決まったやり方がないなかで、「どうすれば成果が出るだろう?」と頭をひねり、さまざまな案を出し、実行していく。その繰り返しにより考える力が養われます。

マイクロマネジメントは「失敗」に対する不安感情から生まれます。

マイクロマネジメントに陥っていることをもしも感じたなら、まずは、「自分のなかにある不安感情」と向きあってみてください。


不安感情は、「こうでないといけない」「こうあるべき」といった自分の理想から生まれています。

マイクロマネジメントに頼っている自分に気づいたなら、次のようなことを考えてみてください。


⊙私はなぜ、マイクロマネジメントになっているのだろうか？

⊙メンバーに理想を押しつけていないだろうか？

⊙マイクロマネジメントにより、メンバーはやりがいを失っていないだろうか？


では最後に、マイクロマネジメントのデメリットをまとめます。

⊙メンバーが「信頼されていない」と感じる
⊙メンバーに余計なストレスを与える
⊙メンバーの考える力が育たない
⊙メンバーのモチベーションがダウンする
⊙新たな発想が生まれない
⊙リーダーへの頻繁な進捗報告に疲弊する

ぜひ、マイクロマネジメントに頼らない任せ方を心がけてみてください。

Point 40

マイクロマネジメントはメンバーを思考停止にしてしまう

40 メンバーの不安感情への向きあい方

仕事を任せたメンバーから、次のような気持ちの自己開示をうけたとします。

「私にその役割が務まるのか不安になってきたのですが……」

「考えてみたのですが、いまの私には難しい気もしておりまして……」

あなたは、どう思うでしょうか？


⊙「頼りないヤツ」というレッテルを貼りたくなるでしょうか？

⊙「重要な案件は、もう任せまい」と思うでしょうか？

⊙「じゃあ、他メンバーをアサインするよ」と思うでしょうか？

⊙「本音を言ってくれて有り難う」と思うでしょうか？

⊙一歩踏み込む勇気を持てるよう、背中を押そうと思うでしょうか？

ここでぜひ、考えてみていただきたいことがあります。
それは、「自己開示」をしたメンバーの心境について、です。

自信がないといった「不安感情」を自己開示することは、メンバーにとっては勇気のいることだと思います。

リーダーにどう解釈されるかという不安や、評価に影響したらどうしようといったようなことも、頭をよぎったうえでのことだったかもしれません。

それでも、報告をしてきてくれたのです。
リーダーは、まずは、「ネガティブなことをあえて話してくれたという自己開示」に対して、「相談してくれて有り難う」という気持ちで受けとめる、というところからスタートしてほしいと思います。

「このリーダーには、本音を伝えても大丈夫」
こういう安心感は、信頼へとつながりとても大きな原動力になっていくでしょう。

また、問題が大きくなる前に、報連相が行われるでしょう。

一方、逆の事例として、こういうのがあります。

「あのリーダーに本音を言うと、マイナス評価をされたり、あきれられる反応をあからさまにされるよ」

こうなると、メンバーには「本音は隠しておいたほうが良い」という心理が働き、後々に、大きな問題となって返ってきてしまうでしょう。

あなたは自己開示をしていますか?
自己開示をしているほうだと思いますか?

リーダーであるあなたからの自己開示は、お互いに自己開示をしやすい組織風土へとつながります。

・「久々に緊張するな……」

・「実は、こういうのは苦手なんだけどね……」

など、些細なひと言でも良いんです。メンバーは、きっと「自分だけじゃないんだ、リーダーもなんだ」と安心し、隠していた感情を打ち明けてくれるようになるかもしれません。

頼れるリーダーとは、弱みを見せないリーダーではありません。誰にでも弱いところはあることを知っていて、自分の弱さを言葉にし、弱いところを自分で認知し、どう弱みを補えば良いかがわかっているリーダーです。

もしあなたが、「頼れるリーダーとして、絶対に、悩みや弱さを見せてはいけない」という考えを持っていたとしたら、一度、自己開示にトライをしてみてください。

きっと、これまでよりもメンバーから頼られるようになる。そう思います。

弱さの開示をポジティブに受けとめる

41

「成果の横取り」をしていませんか？

メンバーに任せた仕事が社内外で素晴らしい評価をうけたとします。
そんなとき、こんな発言や、次のような結果を招いてはいないでしょうか？

□「実は、私が裏で、いろいろと指導していたんですよ」
□「実は、彼に自信を持たせるために、ほぼ確定していた案件をあげたんです」
□メンバーではなく、リーダーの成果として、認知されていた
□メンバー発案だったのに、リーダー発案によるチーム成果に変わっていた

メンバーの成果を、リーダーの成果であるかのように話をする。
リーダーの成果のように見えてしまっている。
そういった**「成果の横取り」は、リーダーが最もやってはいけないこと**です。

案件によっては、実際、「リーダーが、より良いものになるよう、支援をしたから成功した」という場合もあるかもしれません。

また、リーダー自身の承認欲求により、「実は、私がこのプロジェクトの立役者だ」と言いたくなることもあるかもしれません。


ただ、そんなことをしなくても、メンバーが成果を出せば、

「キミは本当に部下を育成する能力にたけているね」

「リーダーとして素晴らしい」

といったように、それはおのずと、リーダーの評価につながるものです。


もしも、「私が、私が」と、メンバーではなく、自分にばかり光をあてるリーダーがいたとしたなら、きっと、メンバーは心のなかで、愛想を尽かしているでしょう。

こういったことは、表立っては、リーダー本人には伝わりませんが、メンバーが陰であきれているということは、多々あります。

ここで、あるリーダーの話をご紹介します。
「私は自分がされてイヤだった成果の横取りはしない」と、リーダーになったときに誓ったと言います。

例えば、その会社では、残念ながら役員会での提言は、課長以上という原則がありました。ただ、メンバーの成果を自分が発表すると、成果を横取りしているような気がして、葛藤していた時期があったそうです。
そこで、考えた結果、３つのことを実践するようにしたとのことです。

⊙役員会の最後に、実際の提言者の名前を伝えること
⊙「役員会で、あなたの名前を提言者として伝える」と、本人に伝えること
⊙役員会の反応を、必ず本人にも伝えること

些細なことかもしれませんが、メールの送付時も、必ず、実際に任せたメンバーをＣＣに入れることを心がけているそうです。

結局、些細なことの積み重ねでしか、メンバーの信頼は得られません。

一方、些細なことにより、一瞬で、メンバーとの信頼関係は崩れてしまいます。

さて、最後にもうひとつ、成果の横取りに関連してお伝えしたいことがあります。

それは、メンバーに任せた案件のことで、「リーダーに称賛の声が届いた場合」の対応についてです。そんなときは、ぜひ、「その案件は実は、メンバーが手がけたものなんですよ」と、誇らしく、伝えてあげてほしいと思います。

⊙「実はあれは彼女のアイデアなんです」

⊙「彼が取引先に足繁く通い信頼関係を築いてくれたおかげなんです」

ぜひ、メンバーに光をあてることを意識してみてください。

Point 41

メンバーの成果に光をあてることがメンバーとの信頼を築いていくことにもつながる

42

メンバーより優位に立とうとしていませんか？

成果を出しているメンバーに対して、リーダーに気をつけてほしいこと。
それは、メンバーの余計な邪魔はしないということです。

⊙問題なく進んでいるのに、介入しようとするリーダー
⊙メンバーの手をとめるような発言をするリーダー
⊙メンバーが考えたことと同じことを、言葉を変えて、あえて繰り返すリーダー
⊙任せたそばから、あれやれ、これやれと具体的な指示を出すリーダー

もしも、このような振る舞いをしていることがあったなら、「優越欲求」に振り回されている状態なのかもしれません。
優越欲求とは文字どおり「相手よりも優位に立ちたい」という欲求です。

リーダーは自分にもこの優越欲求があるかもしれないということを意識し、気をつける必要があります。

なぜなら、次のような感情が生まれるかもしれないからです。

それは、メンバーが評価される姿を見て、「自分の立場がおびやかされるように感じて不安になり、価値発揮をしたくなる。存在感を示したくなる」といった感情です。この感情による言動は、メンバーにとっても、リーダーにとっても不幸なことです。

フォローやサポートが必要なメンバーもいれば、かえってそれが邪魔になるメンバーもいます。必要がない場面では、メンバーを「見守る」という選択ができる心の余裕を、ぜひ持ってください。

そして、**自分の出番がないことを誇りに思いましょう。**

Point 42

自分の心の奥底に芽生える「優越欲求」には注意が必要

43

メンバーの自立につながる「任せ方」の5条件

あなたの組織には、実に多様なメンバーがいると思います。

経験値もバラバラでそれぞれに得意な領域があり、苦手な領域があり任せる仕事のレベルも、人それぞれ、その時々。

リーダーが介入したり、支援したりする必要のあるメンバーもいれば、そうでないメンバーもいるでしょう。

きっと、「リーダーのかかわり方」は、メンバーそれぞれに、その時々で変わると思います。

さて、ここで質問です。

「あなたに依存しているメンバーは、いそうでしょうか？」

「あなたがいなくても大丈夫。そんな自立したメンバーはどのくらいいるでしょうか？」

メンバーの自立は、リーダー次第です。ここからは、メンバーの自立のために、リーダーに意識してほしい5つのポイントをお伝えしていきます。

①仕事の意義や価値を問い続けること

日ごろから、「この仕事は、誰のため、何のためだと思う？」という問いかけをしてみてください。チームのミッション、組織のミッション、業界としてのミッション、私のミッションについて対話を続けることは、何よりも大切なことだと思います。

そうすることで、自然と、任されたこの仕事は「私にとってどんな意味があるのか？」ということを、メンバーが自分で見出していくようになるでしょう。

②選択権をメンバーに渡すこと

任せるときは、メンバーが自分で考え、選択できる「余白」を残すことを意識してみてください。悩みながらも自分で決めることが、メンバーの自立につながります。「次はどんなことに挑戦したいか？」ということを問いかけることもオススメです。

③「何を言っても大丈夫」というチームづくり

リーダーも、メンバーも、お互いがお互いに、「どんな意見を言っても大丈夫」「失敗しても大丈夫」「挑戦しても大丈夫」「自己開示をしても大丈夫」「違っていても大丈夫」といったように、**チームのなかにたくさんの「大丈夫」があふれているかどうかも、とても大切なこと**のように思います。

メンバー一人ひとりが、のびのびと自分らしさを発揮できる環境だからこそ、メンバーは、常に高い目標にチャレンジし、成長し、自立へとつながっていくでしょう。

「リーダーの度量」がカギをにぎります。

④「達成感」を味わえること

メンバー一人ひとりが、それぞれの立場や役割に応じて、「自分なりにやり遂げた！」と思えることはとても大切なことです。

達成感は、次の仕事への原動力となり、メンバーの自立を後押しします。

リーダーが途中で仕事を引きとってしまったり、ゴールが不明瞭だったり、右から左に仕事を流していては、メンバーはいつまで経っても達成感を味わえず、不完全燃焼の状態が続いてしまうため、注意が必要です。

⑤「存在価値」を一人ひとりが感じていること

あなたのメンバーは、「私は、ここにいる意味がある」ということを感じられていると思いますか？

存在価値とは、「いる意味がある」「必要とされている」と感じることから生まれます。

「あなたに任せたい」「キミの力を貸してほしい」「有り難う」「助かった」。

これらの言葉は、メンバーの心の栄養になるでしょう。任せることは、メンバーの存在価値を高める手段と言っても、過言ではありません。

ぜひ、時々自分に問いかけてみてください。

「メンバーを依存させてしまっていないだろうか？」と。

Point 43
任せることの最終ゴールは「メンバーの自立」

44

リーダー自身も自立する

メンバーの自立を促すときに、気をつけてほしいことがあります。
それは、リーダーの依存です。

⊙彼女は優秀なメンバーだから、他部署へ異動させたくない
⊙彼はプレイヤーとして自分の組織にいてほしい。だから管理職へ推薦したくない
⊙「NO」や「反対意見」を言わないメンバーを側に置いておきたい
⊙気心の知れたメンバーと仕事がしたい
⊙あうんの呼吸で仕事がしたい

このような気持ちは、あなたがメンバーに依存している証拠かもしれません。
メンバーに任せ、メンバーが育ち、メンバーがはばいてゆく。

きっと、いつの日にか、「あなたのおかげです」という言葉が聞こえてくるように思います。

なかなかそうは思えないという人にオススメしたいことがあります。

それは、自分自身のこれまでの人生を振り返ってみるということです。

振り返ってみると、「きっと、あの日、あの時の、あの人のおかげで、いまの自分がいる」ということが、積み重なっているのではないでしょうか？

メンバーからは、「あの人と一緒に働くと成長できる」と憧れられるリーダーに。

上司からは、「あなたは、どんなメンバーであっても大切に育ててくれるし、それぞれにあった才能を引き出してくれる」と信頼されるリーダーに。

Point 44

リーダーの依存心は、メンバーの自立の妨げになる

45

リーダーの資質は「任せる覚悟」にあらわれる

業績ばかりを追い求めるリーダーと、メンバー一人ひとりの成長を願うリーダー。数字や結果にしか興味がないリーダーと、一人ひとりに興味があるリーダー。

メンバーはどちらについていきたいと思うでしょうか？

「メンバーの成長のために任せる覚悟」を持てるかどうか。

そこに、リーダーのあり方があらわれるように思います。

覚悟とは、困難や苦労を予想したり、不安な感情があったとしても、それでも一歩を踏み出すことです。

⊙なかなか不安がぬぐい切れない
⊙進捗状況を、いちいち気にしてしまう
⊙時間がなくて（または不安で）引きとりたくなる
⊙やり方を指示したくなる

こうした状況や心理状態であっても、「それでも任せきろう」と思うこと。

その「任せる覚悟」にリーダーの資質があらわれるのです。

Point 45
任せる覚悟にリーダーのあり方があらわれる

第6章

「任せる」に影響を及ぼすアンコンシャスバイアス

46

アンコンシャスバイアスとは?

《アンコンシャスバイアスとは?》

「アンコンシャスバイアス（unconscious bias）」という言葉を耳にしたことはありますか?

新聞や雑誌などで、この言葉がとり上げられることが増えてきたため、ご存じの方もいるかもしれません。

日本語では、「無意識の偏ったモノの見方」「無意識の偏見」「無意識の思い込み」などと表現されている概念です。

アンコンシャスバイアスは、「任せる」をめぐり、さまざまな影響を及ぼしています。

まずは、簡単に、「アンコンシャスバイアスとは何なのか?」ということからお伝えしていきます。

日常のなかで、このようなことはありませんか?

□世代、性別、年齢、出身、学歴、血液型などで、相手を見てしまうことがある
□「男のくせに」や「女のくせに」など思ってしまうことがある
□みんながコーヒーを頼んでいると、つられて「私も」と言ってしまう
□出身地で、お酒が強い人かどうかを想像することがある
□警報音を聞くと、まずは咄嗟に「避難訓練かな?」ということが頭をよぎる
□つい、「これまでのやり方」や「前例」に固執してしまう
□「普通は○○だ」「たいてい○○だ」という言葉を使うことがある
□何をするにしても相手との「上下関係」を意識してしまう
□育休を長期間取得する男性社員は、昇格欲が低いと思ってしまう
□「これは女性の仕事」「これは男性の仕事」と思うことがある
□プライベートを優先する人は、昇格にはあまり興味がないんだと思う

いかがでしたか?

ひとつやふたつ、思いあたることはありましたか?

まず、はじめにいくつかの事例をご紹介させていただいたのには、理由があります。

それは、**「たしかに、そう言われてみると、無意識のうちに、ふと偏ったモノの見方や、思い込みをしていることが、私にもあるかもしれない」**と感じるきっかけになってもらえればと思ってのことです。

《アンコンシャスバイアスはなぜ生まれるのでしょうか?》

私たちの脳は、過去の経験や見聞きしたことを「自分なりに解釈する」という機能を持っています。

これにより、教訓を得たり、似たような場面に遭遇したときに素早く判断できたりといった利点があります。

ただ一方で、「自分なりに解釈をする」という特性により、同じものを見ているようで、実は違ったことを感じていたり、同じ言葉を聞いていても、違ったことを想像していたり、といったことも起こるのです。

この解釈の不一致が、「決めつけ」や「押しつけ」となってあらわれ、チームワークや人間関係を阻害してしまうのです。

「無意識」は、私たちの言動、感情、考え方などに大きな影響を与えていますが、意識できていることは「氷山の一角」です。

アンコンシャスバイアスは誰にでもあるもの。あることそのものが悪いわけではありません。

問題なのは、アンコンシャスバイアスによる「決めつけ」や「押しつけ」の言動が、知らず知らずのうちに周りを傷つけたり、苦しめたり、成長機会を奪っていたりといったように、職場の雰囲気や人間関係、キャリア形成に、無意識のうちに影響を及ぼしてしまっていることなのです。

アンコンシャスバイアスの正体は、「自己防衛心」です。

「私は悪くない」「私は正しい」「失敗したくない」といった防衛感情が、無意識の

うちに、物事を自分にとって都合の良いように解釈してしまうことから生まれていま
す。

大切なことは、「アンコンシャスバイアスに気づこうとすること」です。

「押しつけない」こと、「決めつけない」こと。

そして、「一人ひとり、その時々と向きあうことを心がけること」です。

「意識下にあるものを意識してみよう」とすることは、はじめの大きな第一歩です。
これまで見えていなかったものが見えるようになることで、少しずつ、アンコンシャ
スバイアスに振り回されないようになっていくからです。

では、ここから先は、「任せる場面」で起きがちなアンコンシャスバイアスについて、
ご紹介していきます。

合言葉は、「これって、私のアンコンシャスバイアス？」です。

「私にも、こんなアンコンシャスバイアスがあるかもしれない」

「言われてみたら、こんな思い込みをしていたかもしれない」

「任せるにあたって、こんなアンコンシャスバイアスがたしかにあるかもしれない」

こう思いながら、ぜひ読み進めていただければと思います。

Point 46

アンコンシャスバイアスに気づこうとすることが大切

47

「任せたら失敗するかも」というアンコンシャスバイアス

「メンバーに仕事を任せないといけない」と頭ではわかっているのに、いざ任せようとすると不安に感じ、結局、自分でやってしまったといった経験はないでしょうか？

⊙本当に任せても大丈夫だろうか？ と不安におそわれる
⊙メンバーのこれまでの経験や実績を考えると、やはりこの仕事は難しいだろう
⊙前回失敗したから、今回もそうなるかもしれない

こんな思いにかられるとき、リーダーには、「任せたら失敗するように思う」というアンコンシャスバイアスがあるのかもしれません。

メンバーの能力やこれまでの経験をもとに、何の仕事を任せるかの判断をすること

も必要です。ただ、必要以上に過去に引っ張られ、未来の可能性に目を向けられていないこともあるかもしれません。

⊙まだムリかもと思えた仕事でも、意外とうまくやれるかもしれません
⊙最初は不慣れでも、やっていくうちに能力が磨かれるかもしれません
⊙以前は失敗したとしても、今回は教訓を活かしてくれるかもしれません
⊙リーダーやチームで補えば良いという考えもあるでしょう

人は変わっていくものです。「これまで」の情報だけで決めつけず、「これから」も信じましょう。
可能性を信じなければ、メンバーに任せる日はいつまでもやってこないでしょう。

Point 47
これまでの情報だけで決めつけない

「自分の指示どおりでないとうまくいかない」というアンコンシャスバイアス

次のような経験はないでしょうか？

- □メンバーの主体性を大切にしたいのに、つい口を挟んでしまう
- □マイクロマネジメントは避けたいと思いつつ、つい、あれこれ指示してしまう
- □自分とは違うやり方をするメンバーを見ると、「なんで指示どおりにしないのか？」と問いつめてしまう

こんな思いにかられるとき、リーダーには、「自分の指示どおりでないとうまくいかない」というアンコンシャスバイアスがあるのかもしれません。

経験豊富なリーダーは、自分なりの成功法則や勝ちパターンを持っています。

「同じようにやれば、成果が出る」というリーダーの思いもあるかもしれませんが、あなたのやり方が、全員に「あう」とは限りません。また、より良い道を、任せたメンバーが見つけるかもしれません。

「私は正しい」「私のやり方は正しい」といった自己防衛心が強くなってしまうと、自分とは違う意見をことごとく排除していくようになってしまうため注意が必要です。

結果、チームの変化を阻んでしまうかもしれません。
結果、同質性のみを良しとする組織になってしまうかもしれません。

自分のやり方を押しつけようとすることに気づいたなら、その思い込みを手放すことから、ぜひ、はじめてみてください。

自分とは違う考え方も受け入れる

49

属性へのアンコンシャスバイアス

人の属性や一部の特性によってメンバーの能力や資質、特徴を決めつけてしまい、本来持っている能力や適性が見えなくなるアンコンシャスバイアスを「ステレオタイプ」と言います。

《年齢を理由に判断する》

「若いメンバーに、この仕事を任せるのは早いだろう」
「シニアに、この仕事はムリだろう」

このように、年齢によって、任せる仕事を判断することはないでしょうか？

もしも、年齢が「若いから／若くないから」といった属性で判断しようとする自分に気づいたなら、「本当にそうだろうか？」と、ぜひ考えてみてください。

《性別を理由に判断する》

「男性は、営業のほうが向いているだろう」

「女性には、新規営業は難しいだろう」

このように、性別によって、仕事の領域を決めつけていることはないでしょうか？

《その他の属性を理由に判断する》

「口下手なメンバーには、新規開拓営業は向かないだろう」

このアンコンシャスバイアスにより期待していなかったメンバーが、傾聴力を発揮してお客様の心をつかみ、大口契約に至った事例。

「小さな子どもがいるメンバーには、出張や残業が増えそうな仕事は任せないほうが良いだろう」

このアンコンシャスバイアスにより、サポート業務ばかりを任せていたら、あるとき、「気遣いかもしれませんが、出張も残業も事前にわかっていれば大丈夫です。むしろ、産休前と同じような仕事をしたいです」と相談をうけた事例。

このように、あなたの「任せる・任せない」の判断に、属性によるアンコンシャスバイアスが影響すると、メンバーの長期的なキャリア形成に影響を及ぼすことがあるということをぜひ忘れないでいただきたいと思います。

リーダーの思い込みは、メンバーの「可能性」や「希望」「やりがい」を知らず知らずのうちにつぶしていることもあるかもしれません。

大切なのは、十把一絡げで、相手を見ないことです。

「一人ひとり、違う」ということを、リーダーはぜひ意識するようにしてみてください。

学歴、性別、年齢、出身地などの属性をもとに「過去のメンバーはこうだった」などと決めつけるのではなく、次のことを忘れずにいてください。

「一人ひとり違うこと」

「同じメンバーでも、過去といまとでは考え方が変わることもあること」

そしてぜひ、一対一で話をする時間を見つけて「本人に直接、意思や意向をその都度、確認する習慣」を大切にしてほしいと思います。

Point 49

「属性」で決めつけない

50

「もうキミには任せられない」というアンコンシャスバイアス

過去に任せた案件で失敗してしまったことがあるという理由で、重要な仕事を任せなくなってしまった。そんなメンバーはいないでしょうか？

アンコンシャスバイアスは、経験や見聞きしたことによって、形成されます。

例えば、過去に失敗したことがあるメンバーに対して、

・「きっとまた失敗するだろう」
・「この仕事は向いていないようだ」
・「また失敗されたら大変だ」

などと思い込んでしまうことがあげられます。

しかし、「人生、一度も失敗したことがない」なんて人はいないはずです。失敗という貴重な経験を通して、人はその教訓を次にいかそうとする。次こそはと、トライしようとすることも十分ありえます。

過去の経験から抜けきれず、「もうキミには任せられない」というアンコンシャスバイアスにより、途中で仕事をとり上げてしまったり、見切りをつけてしまったなら、メンバーの成長はそこで、止まってしまいます。

メンバーの失敗を受けとめ、得意とするやり方を磨けるようにサポートしていくこと。それがリーダーの役割ではないでしょうか。

Point 50

過去を引きずるのではなくサポートにより前へ進む

51

「私にはまだ無理」というアンコンシャスバイアス

ここまで、リーダーが抱きがちな「任せるに関連したアンコンシャスバイアス」をお伝えしてきましたが、メンバーが陥りがちなアンコンシャスバイアスについてもお伝えしていきます。

《インポスター症候群》

インポスター症候群とは、能力があるにもかかわらず、自分を過小評価してしまい、「私にはムリ」と尻込みしてしまうアンコンシャスバイアスです。

周りから十分に評価されていても、それを信じることができないというものです。

次のようなことはないでしょうか?

リーダーであるあなたが、一大プロジェクトを、あるメンバーに任せる決断をしました。そのことを伝えたところ、「せっかくなのですが、私にはまだ無理だと思います。自信がないんです……」と断られてしまった。

実はここには、自分を過小評価してしまうというアンコンシャスバイアスが隠れているかもしれません。

こうした思い込みを持っているメンバーは、リーダーから大役を任せたいと言われると、「任せたいと思ってくれたリーダーの期待を裏切りたくない」との思いが湧いてきます。

また同時に、「失敗するかもしれないから、引き受けないほうが良い気がする」「いまの私にはまだムリですと、いまのうちに断ったほうがいい」と咄嗟に考える傾向があり得ます。

《ステレオタイプ脅威》

ステレオタイプ脅威とは、自分の「属性」に対する否定的な固定観念が呪縛となり、

「できる・できない」や「やる・やらない」などを決めてしまうアンコンシャスバイアスです。

例えば、次のようなことがあげられます。

・「女性の私がこのチームを引っ張るのは無理だ」
・「理系出身だから、営業には向いていない」

このように、性別、学歴、出身などの属性や一部の特性を理由に、自分の能力の限界を勝手に決め込んでしまい、「任せたい」とのリーダーのオファーを拒むということもあり得ます。

インポスター症候群も、ステレオタイプ脅威も、メンバーが自分自身に対して、「ネガティブなセルフイメージ」を抱いてしまうというアンコンシャスバイアスです。

では、リーダーには何ができるのでしょうか？

それは、メンバーのアンコンシャスバイアスに気づいたなら、フォローをするということです。

「でも」「だって」「どうせ」「いまさら」といった言葉は、ネガティブなセルフイメージを生み出し、心のブレーキとなり得ます。

メンバーがこうした言葉を使っていることに気づいたなら、ぜひ、「インポスター症候群やステレオタイプ脅威って知ってる？」という問いかけから会話をはじめてみるのも良いと思います。

そのうえで、メンバーが一歩を踏み出せるようなフォローの言葉を、ぜひ、かけてみてください。

Point 51
一歩踏み込んだ対話がカギとなる

52

「きっとまた断るだろう」というアンコンシャスバイアス

過去のメンバーの発言や考えをいまも覚えているということはないでしょうか？

過去のメンバーの言動は、いまも同じだと解釈していないでしょうか？

⊙「管理職ではなく、プロフェッショナルコースでいきたいと思っています」
⊙「介護がいろいろと大変で……。いまは家庭を優先したいと思っています」
⊙「将来子どもに恵まれたなら、子どもとの時間を大切にするつもりです」

これらの発言が実は、10年前や、5年前や、1年前であったとしても、ともすれば、私たちは、

「改めて聞いてはいないものの、きっといまも昔も考えは同じはずだ」

というアンコンシャスバイアスに影響をうけていることがあるかもしれません。

メンバーの事情を考慮したうえで、「任せる」「任せない」という判断をするときに気をつけてほしいことがあります。

それは、過去に聞いた考え方を鵜呑みにするのではなく、**その時々に「いまはどう？」と聞く**という行為を、面倒だと思わず、定期的に続けてほしいのです。

人の気持ちや事情は、めまぐるしく変わります。

「仕事を断った人は、次もまた断るはず」ではありません。

「今回は断られたけど、次回もまた聞いてみよう」という心の持ちようをぜひ大切にしてみてください。

Point 52

「人の考えは変わる」ということを大前提にする

53

「このメンバーは苦手だ」というアンコンシャスバイアス

「どうも、苦手だ」と感じるメンバーが、あなたにはいるでしょうか？

「感性が私とは違う」と感じたり、「その考え方や思考回路が、どうも理解できない」と思うことが続くと、その相手に対して苦手意識を抱いてしまうこともあるかもしれません。

□自分と同じ考え方をするべきだ（なぜ、こうまでも考え方が違うんだ？）
□私は正しい（メンバーが間違っているに決まっている）

このようなアンコンシャスバイアスがあると、自分と「あう」か「あわない」かによって、この案件を任せたいか／任せないかを判断していることがあるかもしれません。

「苦手意識がありそう」と思ったなら、ぜひ、次の問いに立ち戻ってみてください。

⊙はたして、自分と同じ考え方が良いと決まっているのだろうか？

⊙苦手意識の背景に、「自己防衛心」がないだろうか？

⊙メンバーは、大切なパートナーではないか？

自分に「あう／あわない」ということに振り回されるのではなく、一人ひとりの強みや良さが活かされるにはどうしたら良いか？ということに、ぜひ意識を向けてみてください。苦手意識を超える何かを見出すことができれば、見える世界が変わるかもしれません。

心をフラットにして、メンバーを観察すれば、「良さ」に気づくということも、大いにあり得るでしょう。

Point 53
苦手意識と向きあうことで見えてくる世界がきっとある

54

任せるにひそむさまざまなアンコンシャスバイアス

《確証バイアス》

確証バイアスとは、「自分に都合の良い情報ばかりに目がいってしまう」というアンコンシャスバイアスです。

「ほら、やっぱり、ダメだ」となると、ダメな情報ばかりに目がいってしまいます。「ほら、やっぱり、すごい」となると、逆にダメな情報には目がいかなくなります。

一度強烈に印象づいたイメージや自分がこうだと思ったことが、のちのちにも影響するということを、ぜひ覚えていてください。

確証バイアスは、「誰に何を任せるか」を検討する場合などに影響する可能性があるため、注意が必要です。

《現状維持バイアス》

無意識のうちに現状維持を望み、変化を退けるアンコンシャスバイアスです。

現状維持バイアスがあると、例えば、「同じメンバーにばかり仕事を任せる」といったことや、「変えましょう」という提言をうけても、大きな問題がなければこのままで良い」という思考が働きます。

たしかに、変化にはリスクが伴います。何かを変えて失敗するより、何も変えずに現状維持を選択したほうが安心だと思うかもしれません。

しかし、5年後、10年後のチームを想像してみてください。

リーダーがいつまでも仕事を任せずにいたら、メンバーもリーダーも成長は望めません。

《自己奉仕バイアス》

自己奉仕バイアスとは、成功は自分の手柄であり、失敗の責任は自分にはないというアンコンシャスバイアスです。

リーダーがこのバイアスを持っていると、次のようなことが起きてしまいます。

⊙任せた仕事がうまくいったときは、「任せた自分が素晴らしい」

⊙任せた仕事がうまくいかなかったときは、「メンバーのせいだ」

自己奉仕バイアスにとらわれてしまうのは、「承認欲求」が強く影響しているからもしれません。「手柄の横取りをしていないだろうか?」「メンバーに光をあてているだろうか?」と、ぜひ振り返ってみてください。

《ネガティビティバイアス》

ポジティブなニュースよりも、ネガティブなニュースに注意が向きやすい心理をネガティビティバイアスと言います。「失敗を避けたい」という気持ちを強め、リスクに対して過剰に反応する傾向があります。

例えば、「過去に仕事を途中で投げ出したことがあるらしい」「お客様に迷惑をかけたことがあるらしい」など、良くない評判を耳にすると、任せるのはやめたほうが良いかもしれない、と考えることがこのバイアスの典型例です。

しかしながら、実際によくよく調べてみると、途中で投げ出したわけではなく、事実は、プロジェクトの途中で異動になっていたとしたら、どうでしょう?

メンバーのネガティブなニュースが耳に届いたときにはぜひ、すぐに判断を下すのではなく、まずは本人に、事実かどうかを確かめることからはじめてみてください。

たとえ、事実であったとしても、ひとつネガティブな要素があるからと言って、ほかのポジティブな要素を無視することがはたして適切なのかどうかについてもよくよく、考えてみてほしいと思います。

Point 54
無意識の思い込みが「任せる」にさまざまな影響を及ぼしていることを意識する

55

アンコンシャスバイアスに振り回されないために

任せるにひそむさまざまなアンコンシャスバイアスを紹介してきましたが、いかがでしたか？

価値観や考え方、得意なこと、苦手なこと、目指すキャリア、人間関係、健康状態、家族構成など、自分と完全に境遇を同じくする人は、ひとりとしていないはずです。

仮に、過去１００人のメンバーが同じような選択をしたとしても、１０１人目は違う選択をするかもしれません。

同じ人であっても、時とともに考えも変われば、成長もします。

過去に失敗したからと言って、今回も失敗するとは限りません。

一人ひとり、その時々と向きあうことで、きっと任せる仕事も、任せる内容も、任せる範囲も、任せる領域も、広がりが見えてくるでしょう。

合言葉は、「これって、私のアンコンシャスバイアス（アンコン）？」です。

「アンコンシャスバイアス」を「アンコン」と略して、気軽に言葉にしてみるのもいいでしょう。

「これって、アンコン？」と。

Point 55

「一人ひとり、その時々と向きあうこと」の大切さ

おわりに

あなたには、「任せる覚悟」がありますか？

「あのとき、任された経験のおかげで、いまの私がある」
「あのとき、任せた経験が、リーダーとしての〝私の育てる心〟に火をつけた」

皆さんには、どんな「任せた経験」がいまも記憶に鮮明に残っているでしょうか？
皆さんには、どんな「任された経験」がいまも記憶に鮮明に残っているでしょうか？

半年ほど前、私はたまたま、こんな場面に遭遇しました。

「あなたに任せたいんだけど、どうかしら？」
「光栄に決まってます！　あなたに任せられてうれしくないはずがありません!!」

これは、かつての上司が、かつての部下に数年ぶりに再会し、仕事のオファーをしたときの会話です。私はたまたまその場面に居合わせたのですが、何年経っても変わらない、ふたりの信頼関係とお互いの覚悟に、感動しました。


「あなたに任せたい」と言うリーダーの覚悟。

「私に任せてください」と言うメンバーの覚悟。


本書の執筆にあたり、このふたりの姿が、原動力となりました。

いまもそのふたりの姿が目に焼きついています。


最後に。

この本を「あなたに任せたい」と、1年半近くにわたり、伴走いただいた明日香出版社の古川さんには感謝の気持ちでいっぱいです。

日ごろから多くの学びや気づきをいただいている一般社団法人アンコンシャスバイアス研究所の理事の皆さん、認定トレーナーの皆さん、講師仲間の皆さん、講演や研修の機会を任せてくださるお客様、「任せてください！」と、いつも惜しみないサポートをしてくれる井上まいさんへ、心より御礼を申し上げます。

そして、いつも新しいチャレンジある仕事を任せてくれる妻へ、心からの感謝を。

最後までお読みいただいた皆さまへ、本当に有り難うございました。

守屋　智敬

ご案内

■研修や講演のご依頼

「リーダーシップ」「アンコンシャスバイアス」「キャリアデザイン」など、さまざまなテーマでの研修や講演依頼をお引き受けしています。

■公開セミナー

どなたでもご参加いただける「公開セミナー」を定期的に開催しています。詳しくは、ホームページをご覧ください。

お問合せ先

下記までお気軽にお問合せください

一般社団法人アンコンシャスバイアス研究所

https://www.unconsciousbias-lab.org

株式会社モリヤコンサルティング

https://www.moriyaconsulting.com

守屋智敬オフィシャルサイト

http://www.moriyatomotaka.com

■著者略歴

守屋智敬（もりや　ともたか）

一般社団法人アンコンシャスバイアス研究所　代表理事
株式会社モリヤコンサルティング　代表取締役

1970年大阪府生まれ。神戸大学大学院修士課程終了後、都市計画事務所、人材系コンサルティング会社を経て、2015年に「株式会社モリヤコンサルティング」を設立。管理職や経営層を中心に、これまでに、5万人以上のリーダー育成に携わる。

2018年には、ひとりひとりがイキイキする社会をめざし、「一般社団法人アンコンシャスバイアス研究所」を設立、代表理事に就任。アンコンシャス・バイアス研修の受講者は、5万人をこえる。

著書に、『導く力』(KADOKAWA)、『シンプルだけれど重要なリーダーの仕事』『「アンコンシャス・バイアス」マネジメント』(かんき出版)などがある。

公式ホームページ
https://www.moriyatomotaka.com/
https://www.unconsciousbias-lab.org/

本書の内容に関するお問い合わせ
明日香出版社　編集部
☎(03) 5395-7651

一流の仕事の「任せ方」全技術

2020年　3月　16日　初版発行

著者　守屋智敬
発行者　石野栄一

明日香出版社

〒112-0005 東京都文京区水道 2-11-5
電話 (03) 5395-7650（代表）
(03) 5395-7654（FAX）
郵便振替 00150-6-183481
http://www.asuka-g.co.jp

■スタッフ■　編集　小林勝／久松圭祐／古川創一／藤田知子／田中裕也
営業　渡辺久夫／奥本達哉／横尾一樹／関山美保子／藤本さやか
財務　早川朋子

印刷　美研プリンティング株式会社
製本　根本製本株式会社
ISBN 978-4-7569-2079-9 C0036

編集担当　古川創一

強いチームをつくる！　リーダーの心得

伊庭　正康

リーダーは資質ではなく姿勢・コツがものを言うというスタンスを実例をあげながら紹介します。コミュニケーションの取り方、チームビルディング、目標設定＆実行など、具体的にとるべき行動とそのコツを実体験を交えつつやさしく解説します。

本体価格 1400 円＋税　B6 並製　240 ページ
ISBN978-4-7569-1691-4　2014/04 発行

部下も気づいていない「やる気」と「能力」を引き出す　教え方

佐々木　恵

教え方のイロハをわかりやすくまとめた本。教えたことができない、何度言っても理解してくれない……その原因は教えている人のスキル不足です。相手と自分とでは、経験や知識の差があるのは当たり前。相手のことをよく理解し、その人に合った教え方で教えなければなりません。
後輩や部下を育て、戦力にする方法を学べます。

本体価格 1500 円＋税　B6 並製　248 ページ
ISBN978-4-7569-1956-4　2018/03 発行